공대생도
생각하는가

Engineer Thinking

공대생도 생각하는가
Engineer Thinking

초판 1쇄 발행 2023년 2월 17일

지은이 박진성
펴낸이 장길수
펴낸곳 지식과감성#
출판등록 제2012-000081호

교정 김서아
디자인 정윤솔
편집 정윤솔
검수 한장희, 이현
마케팅 정연우

주소 서울시 금천구 벚꽃로298 대륭포스트타워6차 1212호
전화 070-4651-3730~4
팩스 070-4325-7006
이메일 ksbookup@naver.com
홈페이지 www.knsbookup.com

ISBN 979-11-392-0920-4(03810)
값 16,000원

- 이 책의 판권은 지은이에게 있습니다.
- 이 책 내용의 전부 또는 일부를 재사용하려면 반드시 지은이의 서면 동의를 받아야 합니다.
- 잘못된 책은 구입하신 곳에서 바꾸어 드립니다.

지식과감성#
홈페이지 바로가기

공대생도 생각하는가

Engineer Thinking

박진성 지음

지식과감성#

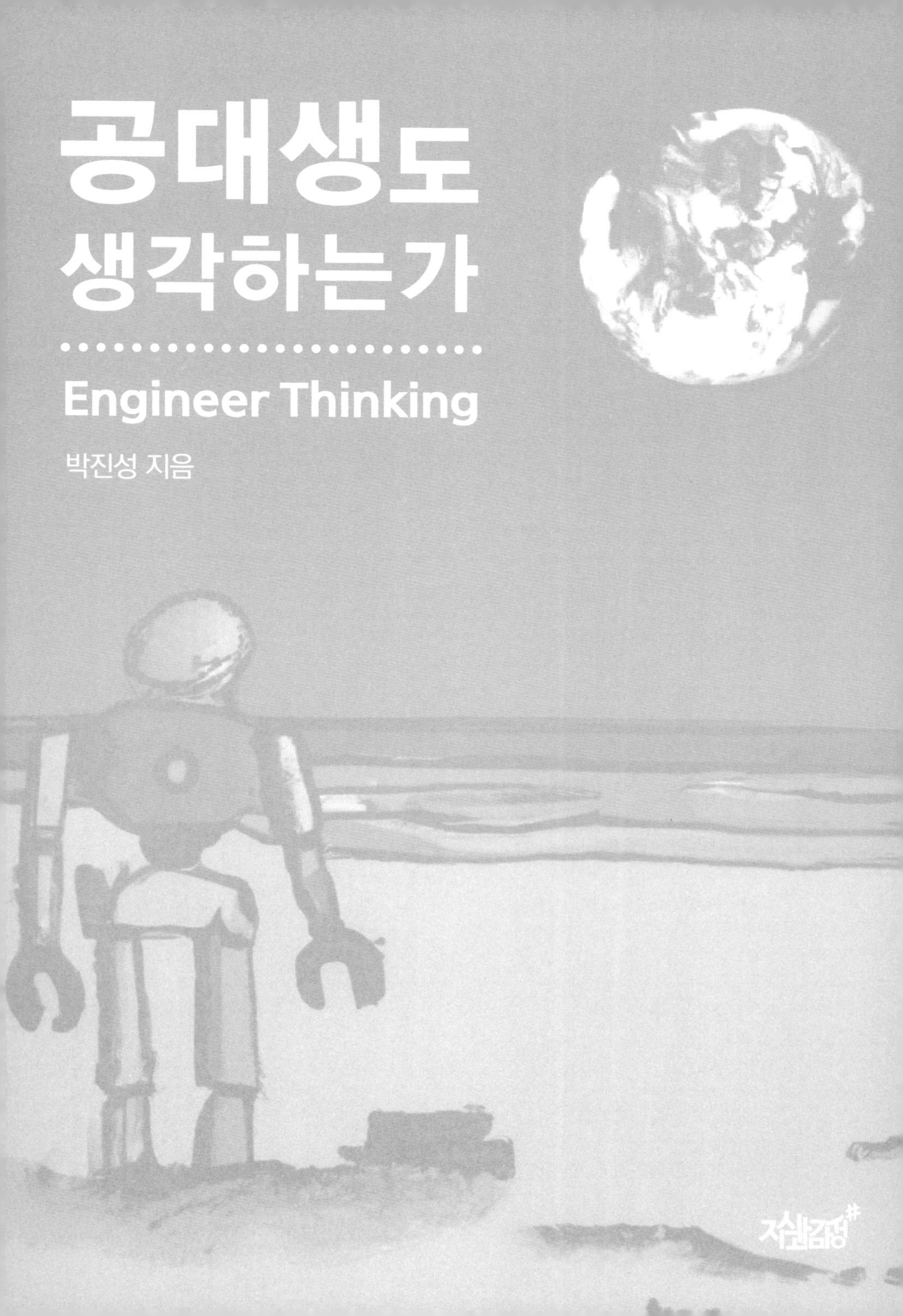

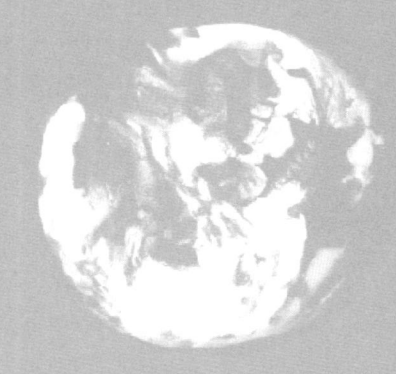

목차

서문 ... 7

1부 : 공대생이 생각난 것들

1-1 글쓰기 ... 12

1-2 자녀의 외국어 공부 ... 17

1-3 자녀의 코딩 교육 ... 20

1-4 자녀와 부모의 신뢰 형성 ... 26

1-5 거실 TV 치우기, 환경 바꾸기 ... 29

1-6 양파는 슈퍼에 있습니다 ... 34

1-7 취미 및 여행하기 ... 40

1-8 빨리빨리하기 ... 44

1-9 경제 교육 ... 48

1-10 직장에서 유의할 것들 ... 54

1-11 한국과 미국의 경제 성장률 ... 57

1-12 20대의 기질 ... 61

1-13 종교는 무엇인가? ... 66

1-14 후회 ... 72

1-15 나이 든다는 것 ... 75

1-16 어디로 가는가? ... 82

2부 : 공대생이 고민하고, 생각한 것들

2-1 지식, 지혜, 창의성 … 88

2-2 기술 혁명은 필요한가? 계속될 것인가? … 97

2-3 일(직업)이란 무엇인가? … 105

2-4 Open system or Closed system? … 115

2-5 공대생, 이과생 그리고 문과생 … 122

2-6 공대의 3대 학과는? … 128

2-7 과학과 공학 … 134

2-8 성공은 무엇인가? … 143

2-9 임진왜란은 기술 전쟁이었다 … 148

2-10 독립운동가는 어떤 분인가? … 154

2-11 대한민국은 선진국이 되었는가? … 159

2-12 우리의 도덕 수준은 높아졌는가? … 169

2-13 나는 용서할 수 있는가? … 174

2-14 나의 사고는 성숙한가? 공감하는가? … 180

2-15 인류는 진화하는가, 성장하는가? … 186

2-16 나의 꿈은 무엇인가? 아직도 꿈꾸고 있는가? … 190

2-17 22세기를 준비하는 공대생 … 195

3부 : 공대생이 되기까지

- 3-1 공과 대학 학생이 되다 — 206
- 3-2 홍릉 과학원(KAIST) 석사 시절 — 212
- 3-3 홍릉 과학원(KAIST) 박사 시절 — 218
- 3-4 회사에서 학교로 — 223
- 3-5 공과 대학 교수가 되었다 — 230
- 3-6 IMF와 미국 객원 교수 1 — 235
- 3-7 IMF와 미국 객원 교수 2 — 240
- 3-8 IMF와 미국 객원 교수 3 — 246
- 3-9 객원 교수 한국 돌아오기 — 251
- 3-10 시련은 있지만, 좌절은 없다 — 255
- 3-11 창업이다 — 259

서문

 공대생과 이과생 10% 정도가 학기 중 자퇴합니다. 살기가 고달프고 미래가 불확실하니, 도전과 성취보다는 확실한 길로, 미래로 나아가길 원합니다. 그러나 조금만 눈을 넓혀서 보면 기술 변화가 급변하는 작금에, 시류에 편향하기보다는 세상을 보는 눈을 넓혔으면 합니다. 지금은 의과 대학의 성형외과, 정신과가 인기라지만, 이전에는 내과, 외과와 같은 필수 학과가 인기였습니다. 또 한 학교 내에서 의과 대학 다음이 공과 대학이었습니다. 그리고 공무원과 교사 열풍도 있었습니다. 자본주의는 과잉 생산과 경기 순환이 특징입니다. 세상은 빠르게 변하고 있습니다. 그래서 우리는 미래를 알고자 합니다. 그러나 가능하지 않기에 오늘도 각자가 생각한 문을 두드립니다.

 그래도 내일의 흐름과 징후를 파악하려고 해야 합니다. 영화 〈터미네이터(The Terminator)〉는 곧 돌아올 2029년 LA에서 인간과 로봇이 전쟁 중, 시간 여행으로 1984년대로 온 T-101 로봇에 관한 내용으로, 제임스 카메론 감독이 1984년에 개봉한 영화입니다. 영화의 2029년과 현재의 AI(인공 지능) 발전 속도가 거의 일치하고 있습니다. 영화에서는 인간이 AI 로봇을 물리치고 승리할 듯합니다. 실제는 적대적 전쟁보다는 상호 보완적으로 발전하고 있지만, 인간에게 유리하지는 않습니다. 1980년대는 AI 개념도 희박했지만, 이 영화는 AI 영화입니다. 미래도 아닌 내일, 아니 오늘 관심을 가져야 할 우선순위가 AI입니다. Chat GPT(Generative Pre-trained Transformer)는 AI의 진화를 보여 주고 있고, 핸드폰 이상의 파급력으로 우리에게 다가오고 있습니다. 또 삶을 변화시킬 기술은 Metaverse(가상세계)입니다.

글 잘 쓰는 사람, 표현력 좋은 사람이 너무 많습니다. 체계적으로 교육받았을 것입니다. 세상 살기가 어려워 위로와 위안을 주는 책이 정말 많습니다. 책 내용은 자존심 향상 관련 내용이 주입니다. 힘들고 어려우면, 그 상황을 잠시 피하는 것, 다른 각도에서 다시 생각하는 것, 위안과 휴식을 갖는 것도 한 방법입니다.

그러나 도전하고, 전략을 짜고, 기한을 정하고, 몰입하고, 이겨 내고, 승리하는 것. 이것도 힐링(Healing)입니다. 실패할 수도 있습니다. 다시 도전합니다. 힘이 있을 때, 여력이 있을 때 정면으로 부딪쳐 보고, 전력을 다하고, 승부를 보는 것, 이것도 힐링(Healing)의 한 방법입니다.

대한민국 경제 개발 초기에는 초등학교 학생 다수의 장래 희망이 과학자였습니다. 산업 개발이 어느 정도 이루어진 21세기에는 꿈도 다양합니다. 20세기의 다소 추상적인 과학자에서 21세기는 유튜버, 아이돌, 웹툰 작가 등의 현실에서 성공한 사람이 선망의 대상이 됩니다. 인간이 인간인 이유 중 하나는 도달하기 어려운, 현실에 없는 이상을 추구하기 때문입니다. 21세기 한국의 이상은 많이 줄었습니다. 그래도 이상과 꿈을 추구하는 사람이 있었기에 대한민국이 독립했고, 오늘의 경제 발전을 이루었습니다. 21세기, 22세기도 이상을, 꿈을 추구하는 사람이 많았으면 합니다. 꿈은 이루어졌을 때보다 꿈꾸고 도전할 때 더 행복합니다.

21세기 공대생의 패기와 꿈이 작아졌습니다. 그래도 희망은 과학과 공학이고 꿈꾸는 그들입니다. 실패하고, 좌절도 겪지만 꿈을 이루어 가는 공대생을 생각합니다. 이 글은 공과 대학 교수로서 학생들과 교감에서, 기술에서, 산업체 관점에서의 생각입니다. 공대생으로서 정면 승부에 관한 것입니다. 생산자 입장을 가진 공대생의 도전과 꿈에 관한 것입니다. 21세기, 22세기는 정치가, 법률가, 의사 그 누구도 공대생을 대신할 수도, 대체할 수도 없습니다. 공학 기술 시대입니다. 기술을 아는 공대생 시대입니다. 공학과 과학의 꿈을 성취할 자는 공대생입니다. 시간이 자원임을 알고, 전략과 전술을 세우는 사람이 공대생입니다.

우주는 우리은하와 같은 은하 약 2조 개가 모여 있는 광대한 곳입니다. 우리은하는 태양과 같은 항성 18억 개로 구성됩니다. 지구는 10만km/h 속도로 지난 46억 년 동안, 그리고 앞으로 1천억 년 동안 더 장대한 우주여행을 할 것입니다. 공대생은 지구라는 우주선에서 우주여행을 주도할 선원입니다. 내일을, 미래를, 우주를 꿈꾸는 공대생을 생각합니다.

1부
공대생이 생각난 것들

1-1 글쓰기

산책이 좋습니다.

많은 이유 중 제일 좋은 이유는 약간의 몰입과 함께 생각이 정리되기 때문입니다. 주위도 살펴야 하고, 걷는 발걸음에 집중도 해야 합니다. 한두 가지 생각을 직렬적으로밖에 할 수 없어서, 산만하지 않아서 좋습니다.

글쓰기도 좋습니다. 글을 쓰면, 이런저런 복잡한 것들이 종이로 다 옮겨져 머릿속이 맑아집니다.

한국인의 말은 끝까지 들어 봐야 한다고 합니다. 동사가 제일 뒤에 있기 때문입니다.

문장 성분에는 주어, 서술어, 목적어, 보어로 이루어진 주성분, 관형어와 부사어로 이루어진 부속 성분, 문장 내용과 크게 상관없는 독립 성분이 있습니다. 문장 종류는 평서문, 의문문, 명령문, 청유문, 감탄문이 있습니다. 문장 구조는 단문, 중문, 복문, 혼합 복문이 있습니다. 문법적으로 알아야 할 것이 많습니다. 그리고 문법과는 관련 없지만 강조하고 싶은 내용을 절의 처음에 두는 두괄식, 끝에 두는 미괄식이 있습니다.

공대생으로서 글을 쓸 때 유념할 것은 문장 구조입니다. 이 중에 주로 쓰는 것은 단문과 중문, 복문입니다. 공대생이 글을 쓸 때는 단문과 중문이 좋습니다. 중고등학교 영어 문법 시간에 배우기를, 문장 제일 뒤에 부속 성분 중, 장방시(장소, 방법, 시간)를 순서대로 배치해야 한다고 배웠습니다.

"세종대왕은 **1443년에 집현전에서** 한글을 창제했습니다."
"**1943년에 집현전에서** 세종대왕은 한글을 창제했습니다."

상기와 같이, 한글에서는 시간, 장소를 먼저 앞에 쓰고, 주부와 술부의 문장을 이어서 쓰면 글이 간결해집니다. 주어와 목적어 동사를 가능하면 모아서 간결하게 쓰십시오.

"1943년에 세종대왕은 한글을 창제했고, 1946년에 (세종대왕은) 훈민정음을 반포했습니다."

너무 단순하면, 콤마를 쓰고 (등위 접속사를 사용하는) 단문을 이어서 쓰면 중문이 됩니다. 위와 같습니다.

"**백성을 사랑한** 세종대왕은 한글을 창제했습니다."

그리고 종종 복문을 쓰면 글이 풍부해집니다.

"**백성을 사랑한** 세종대왕은 한글을 창제했고, **백성을 위해서** 한글을 반포했습니다."

2개 이상의 단문을 콤마로 연결하고, 각각에 명사, 형용사를 꾸며 주는 문장이나 부사구(절) 등의 종속구(절)를 쓰면 혼합 복문이 됩니다.

시간, 장소는 앞으로 빼고, 주어, 목적어, 동사는 최대한 모으십시오. 수사적인 형용사나 부사는 강조어 앞에 쓸 수 있지만, 형용사나 부사의 사용은 꼭 필요한 경우에만 쓰십시오. 이들을 많이 쓰면 글이 지저분해집니다. 단문이 2개, 많아도 3개를 넘지 않는 중문으로 문장을 마쳐야 합니다. 그래야 쓰는 사람도 읽는 사람도 글이 쉽습니다. 상황에 따라 복합 주어, 복합 목적어, 복합 동사는 써도 좋습니다. 혼합 복문 사용에서 꾸며 주는 문장은 한 문장, 많아도 두 문장이 넘지 않았으면 합니다.

문학적인 수사에서는 혼합 복문을 잘 써야 글이 미려해지고 좋지만, 공대생 글은 난해해지기 시작합니다. 한글은 동사가 끝에 있어서, 문장이 한없이 길어지는 것이 항상 문제입니다. 문장이 늘어지는 것에 유의해야 합니다. 이렇게 하면, 글도 간결하고, 영어 번역도 쉽습니다. 질문이 좋아야, 멋진 답이 나옵니다. 쉽고 간결한 문장에서 생각의 전달도 잘 됩니다.

대학은 학생들을 직접 가르치는 것도 있지만, 연구해서 논문을 쓰는 것이 큰 비중을 차지합니다. 해외 논문에 게재된 논문의 수량과 질이 일정 수준이 되지 않으면 승진이 되지 않습니다. 논문을 이렇게 쓰는 것도 방법입니다. 내가 주장하고 싶은 모델이 있으면, 그 외에 모델을 2개 이상 더 제시합니다. 그리고 각각의 모델은 어떤 모순이 있는지 제시합니다. 그래서 최종적으로 제시한 모델의 근거를 제시하며 이것이 올바른 모델이라고 주장합니다. 나름 좋은 방법이라 생각됩니다. 세상사에서도 자기주장이 옳지만, 그것만 주장하면 힘듭니다. 여러 경우를 제시하며, 본인 생각을 주장하면 설득이 됩니다.

글 잘 쓰는 사람, 예쁜 표현 잘하는 사람이 많습니다. 유머러스하고, 가슴을 울리고, 상상을 떠올리게 하는 문체를 잘 쓰고, 표현도 잘하는 사람이 많습니다.

아리스토텔레스가 타인을 설득하기 위해 권위, 공감, 논리가 있어야 한다고 했습니다. 타인의 설득에 가장 필요한 것은 권위와 공감이지만, 논문은 논리가 중요합니다.

공대생의 글은 사실의 정확한 전달이, 논리가 우선입니다. 사실의 정확한 전달을 위해서는 강조점을 문장 처음에 두는 것이 좋습니다. 즉, 두괄식으로 모든 것을 표현하십시오. 미괄식으로 하면 관심을 끌기도 어렵고, 자칫하면 의도를 전달하기 어려울 수 있습니다. 다만 마지막에 함축

하는 절을 두고, 정리하면 좋습니다.

그런데 가장 중요한 것은 무엇일까요. 단어 사용 능력, 단어 이해 능력, 즉 어휘력입니다. 좋은 문장 구조, 미려한 표현이 있더라도 의미가 다른 단어를 선택한다면 문장은 완전히 엉망이 됩니다. 각각의 단어의 뜻을 정확히 아는 것이 우선 중 최우선입니다. 세종대왕께서 한글을 너무나 잘 만들었습니다. 한나절이면 글을 읽을 수 있습니다. 그러나 읽는 것과 뜻을 정확히 아는 것은 완전히 다릅니다. 글은 소리 내어 입으로 읽지만, 뜻은 머릿속에 있습니다. 노력과 공부가 필요합니다. 지식이 필요합니다. 특히 한자 문화권인 대한민국에서는 한자를 모르면 이해할 수 없는 단어가 너무 많습니다. 한자 교육을 하지 않는 수월성 교육의 최대 피해자는 여러분이고 단어입니다. 국립국어원 표준국어대사전 사전 통계에 따르면 대한민국 언어는 고유어 21%, 한자어 53%, 혼종어 20%, 외래어 6%의 단어로 구성되어 있습니다. 한자 어휘가 53%로 절반이 넘습니다. 대한민국에서 수준 있는 어휘력 사용을 위해서 한자 언어 교육은 필요합니다.

노력 없이 얻어지는 결실은 없습니다. 노력에도 방향이 필요하고, 전략이 필요하고, 질(Quality)이 필요합니다. 질(Quality)이, 의식이, 방향이 노력을 만나면 결실을 만들어 냅니다.

글 쓰는 데 애로 사항 느끼는 공대생에게 참조가 되었으면 합니다.

1-2 자녀의 외국어 공부

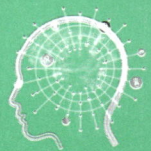

산골 출신, 가정의 뒷받침이 부족한 학생에게 제일 어려운 과목은 무엇일까?

영어와 음미(체)입니다. 음악과 미술은 사회적 환경보다는 선천적 재능이 필요하고, 집안, 본인의 의지, 그리고 관심. 이런 것이 필요합니다. 음악, 미술은 잘 모르니 더 이야기하지 않겠습니다.

말하기와 듣기 영어를 잘하려면 그 환경에 노출되어야 한다고들 이야기합니다. 한국은 교역 국가로 영어가 필수입니다. 그러나 한국인에게 영어는 모국어가 아닙니다. 어순도 다릅니다. 영어 환경 노출을 위해 외국에도 보내고, 한국의 외국인 학교도 보내고, 영어 학원에도 보냅니다. 지속적인 노출 환경이 아니라면 선택을 해야 합니다. 기준을 가져야 합니다.

자녀에게 제2외국어인 영어가 필요하지만, 그보다 우선은 모국어인 한국어입니다. 어순과 무관하게 국어를 잘하는 학생이 영어를 잘합니다. 한국어를 정확히 이해하고 구사해야 외국어를 정확히 이해하고 구사하는 것이 가능합니다. 모국어인 한국어를 제대로 이해하고 구사하지 못하면, 어설프고 수준 낮은 영어밖에 할 수 없습니다. 심한 경우 한국어도 못하고, 영어도 못하는 경우를 봅니다.

영어를 태어나면서부터 모국어처럼 가르치지 못했다면, 그래서 영어를 배워서 깨쳐야 하는 경우는, 영어를 접하는 나이는 언제가 좋을까? 최소 초등학교는 되어야 한다고 생각합니다. 물론 유치원 때부터 영어를 배운 학생들보다 초기에는 뒤질 것입니다. 그러나 조금 더 길게, 장기적으로 보면 한국어를 완전히 터득한 학생이 영어를 훨씬 잘할 것입니다. 정답은 한국어로 기준을 잡을 수 있는 나이입니다.

학교나 직장의 외국 연수를 가는 경우, 직장과 본인을 위해 가는 경우가 많습니다. 그리고 동반하는 자녀들의 교육을 함께 고민하는 경우가 많습니다. 이 경우, 내 자녀가 언제 외국어에 노출되는 것이 좋을까를 고민하는 분이라면 참조했으면 합니다. 가장 중요한 것은 기준을 잡는 것입니다. 한국인이기에 한국어가 기준입니다.

끝으로 외국에 가는 것은 부모보다 자녀의 충격이 훨씬 강하고 큽니다. 부모는 본인 결정으로 가는 것이므로 준비를 합니다. 여러 경우를 가정하고 대비를 합니다. 그렇지만 자녀는 하루아침에 날벼락입니다. 친구도 잃고, 말도 안 통하고, 생활 방식도 다른 곳으로 갑자기 떨어지는 것입니다. 이 모든 것이 본인이 원해서가 아니고, 부모의 선택입니다. 자녀는 이런 선택을 원하지 않았습니다. 자녀의 정신적 충격도 충분히 어루만져 주고, 학교 적응, 특히 교우 관계도 세심히 살펴 주기 바랍니다.

목표가 아무리 좋아도 과정이 좋아야 합니다. 특히 교육에서는 그렇습니다. 소중한 자녀에게는 그 과정이 너무 중요합니다.

1-3 자녀의 코딩 교육

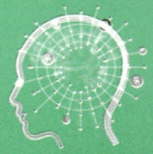

　코딩이란 컴퓨터가 이해할 수 있는 언어로 명령문을 작성하고, 실행시켜 결과를 얻는 것을 말합니다. 프로그램 언어의 대표적인 것으로는 BASIC, C++, JAVA, HTML, Python 등이 있습니다. 이 중, 기초가 되는 언어는 C++라고 할 수 있습니다. 2018년부터 컴퓨터 코딩이 정규 교과목으로 지정되어 있습니다. 그러나 학교, 특히 초등학교에서는 이 언어를 알고, 프로그램 명령문을 작성하는 것에 중점을 두지 않습니다. 초등학교 코딩 교육의 목표는 논리적으로, 창의적으로 생각하는 힘을 기르는 것입니다.

　코딩 교육은 국어, 영어, 수학과 함께 21세기의 필수 교육 과정이 되고 있습니다. 초등학교, 더 나아가서 유치원 때부터 하는 코딩 교육과 초등학교 고학년 이상의 코딩 교육은 목표와 수단이 다릅니다. 코딩을 처음 배우는 단계에 해 보는 블록 코딩이 있고, 이 단계를 거친 자녀는 문장(Text) 코딩이 자연스럽게 가능합니다. 블록 코딩은 레고처럼 서로 연결해서 간단한 코드를 만들고, 이를 실행하는 과정을 통해 자연스럽게 코딩을 배우고 경험합니다. 처음 코딩을 접하는 자녀의 코딩이라고 할 수 있습니다. 이 단계에서는 코딩 Kit를 제작한 회사가 제공한 프로그램을 PC(Personal Computer)에서 수정해서, 수정 내용의 결과를 확인하는 코딩이 있습니다. 아두이노와 같은 것이 여기에 속하고, OS(Operating System: 운영 체계)가 내장되어 있어서, 일반 PC로도 작동되는 블록 코딩의 전형입니다. 센서, LED(Light Emitting Diodes), 모터와 같은 외부 기기(부품)를 직접 제어하는 것에 강점이 있습니다. 블록 코딩에 사용하는 언어를 스크래치라고 합니다. 스크래치는 MIT(Massachusetts Institute of Technology) 미디어랩에서 코딩을 쉽게 접하도록 만든 프로그램 언어의 일종입니다. 아두이노와 유사한 라즈베리파이는 수준이 약간 높고, 일반적으로 리눅스 기반 OS를 사용한 개발 보드이고, 이 OS 내에서 프로그램을 작성합니다. 그래서 수치 계산과 그래픽 처리, 즉 데이터 처리가 필요한 카메라, 비디오 제어에 적합합니다. 물론 외부 기기 제어도 가능합니다. 이제 우리가 아는 코딩, 즉 프로그램 작성의 텍스트(Text) 코딩 접근이 쉬워졌습니다. BASIC, C++, JAVA, HTML, Python 등의 컴퓨터 프로그램 언어를 본격적으로 배우고, 알고리즘을 짜고 실행하면 됩니다.

코딩 교육은 목표가 명확해야 합니다. 코딩 교육의 1차 목표는 실질적인 프로그램 언어를 배우고 알기 위한 것이 아닙니다. 초등학교 컴퓨터를 교육하는 분은 학생들에게 동기를 부여해서 호기심을 자극하고, 사물의 작동 원리를 이해하고, 이것을 기본으로 창의력을 기르는 컴퓨터적 사고 향상을 목표로 해야 합니다. 컴퓨터적인 사고란 문제를 분석하고, 이를 해결하기 위한 과정에서 논리적 사고력을 키우려는 것입니다. 현재의 영어와 수학처럼 가르치는(Teaching) 수업 방식에서는 컴포자(컴퓨터 포기자)가 생깁니다. 코딩 교육 1차 목표는 초심자에게 컴퓨터 프로그램 언어를 가르치는 것이 아닙니다. 지도(Coaching) 하는 방식이고, 참여를 유도하고, 흥미를 유발하는 방식이 필수적입니다. 먼저 어려운 컴퓨터 언어부터 시작하면 컴포자(컴퓨터 포기자), 프포자(프로그램 포기자)가 생길 수밖에 없습니다. 이미 제작된 Kit에서 간단한 프로그램 변경으로 작동의 결과가 변하는 것이 많이 나와 있습니다. 실생활 중심의 예제부터 시작하면 됩니다. 자녀와 부모, 선생님이 코딩 교육 1차 목표인 컴퓨터적 사고력 증진 목표를 반드시 공유해야 합니다. 관련 툴(Kit)이 On-line과 Off-line에 많이 나와 있습니다. 그러나 컴퓨터적 사고력 증진은 입문 단계이고 초심자 단계입니다. 이것으로는 4차 산업 혁명의 문 앞에 설 수는 있지만, 문을 열고 들어갈 수는 없습니다.

4차 산업 혁명의 문을 열고 들어가기 위해서는 코딩 교육 2차 목표인 컴퓨터 프로그램 언어를 시작해야 합니다. 코딩 교육의 본질은 프로그램 언어 교육입니다. 즉, 컴퓨터 프로그램 언어인 BASIC, C++, JAVA, HTML, Python 등을 알고 사용하는 텍스트(Text) 코딩 능력이 목표입니다. 코딩 교육 2차 목표에 도달하는 것은 이해와 학습이 필요하고, 결국은 노력과 창의성이 있어야 합니다.

컴퓨터 프로그램 작성 및 활용 정도가 일정 수준으로 올라가면 흥미와 창의성은 절로 발휘됩니다. 컴퓨터 프로그래머의 목표는 최고의 논리로 단순하게 Back End(서버 컴퓨터)나 Front End(모니터 혹은 핸드폰)에 작성한 프로그램이 작동, 구현되게 하는 것입니다. 컴퓨터 언어만 알면 단순 기술자입니다. AI(Artificial Intelligence: 인공 지능)의 컴퓨터 프로그램 실력이 인간 전문 프로그래머 수준까지 도달했습니다. 딥 러닝(Deep Learning)을 거친 AI는 인간보다 게임을 잘합니다. 2016년 이세돌은 AI 알파고와의 바둑 대결에서 4:1로 졌습니다. AI가 소설도 씁니다. 2022년에는 창의성을 대변하는 그림 경시 대회에서도 1등을 했습니다. 이제 AI에 대적해서 인간이 이기리라고 생각하지 않습니다. AI로 대체 가능한 일을 인간은 피해야 합니다. AI에 대적하기보다는 활용 방안을 고민해야 합니다. AI를 활용하기 위해서, 인간이 생존하기 위해서 높은 수준의 교육과 창의성이 필요합니다. 그래서 고등 수학과 물리가 필요한 것입니다. 컴퓨터 언어 교육과 함께 관련 학문 공부가 병행되어야 합니다. 최고의 논리로 단순하게 프로그램을 작성하는 것, 이것이 코딩 교육 2차 목표입니다. 또 다른 용어로는 알고리즘 작성이라고도 합니다. 프로그램 언어를 알고, 최고의 논리로 단순하게 실행문을 작성하고 실행할 수 있어야 4차 산업 혁명의 문을 열 수 있습니다.

코딩 교육 1차 목표를 잘 달성한 학생들은 코딩 교육 2차 목표에도 잘 도달합니다. 코딩 교육 2차 목표는 본인이 관리자이고 창의자이기에 자율 학습이 가능합니다. 그리고 컴퓨터 언어를 배울 곳은 정기 교육 과정이 아닌 인터넷 사이트에도 많습니다.

부모들은 자녀가 게임을 주로 한다고 걱정합니다. 게임을 하는 것은 소비자 입장입니다. 게임을 통해 기분 전환과 휴식을 갖는 것이라면 크게 걱정하지 않아도 됩니다. 게임 시장의 크기는 영화와 음악 산업을 합한 것보다 큽니다. 새로운 내용을 설계해서 창조하고 이것으로부터 부가 가치를 얻고자 한다면, 생산자 입장을 가져야 합니다. 게임을 하면서 게임의 구성 요소, 배경, 상호 간 상관성, 목표, 부가 가치 등을 탐구한다면 그게 바로 생산자의 입장입니다. 소비자의 입장을 취할 것인지, 생산자의 입장을 가질 것인지 결정해야 합니다. 공대생은 생산자의 입장을 가져야 합니다. 생산자 입장이 되려면 컴퓨터 프로그램 언어에 고등 수학과 물리학만 필요한 것이 아닙니다. 인문학과 역사, 음악, 미술, 영화와 같은 예술, 그리고 상상력도 필요합니다. 소비자와 생산자 입장을 구분하고 역량을 확인해야 합니다. 이제 공대생은 단순 프로그래머가 아닌 프로그램 기획자, 설계자가 될 수도 있습니다. 이것이 코딩 교육 3차 목표이고, 4차 산업 혁명의 문을 열고 들어간 주인공이 될 수 있는 길입니다.

4차 산업 혁명 시대의 주역이나 미래 유망 직종을 희망하면 블록 코딩의 컴퓨터적 사고력을 갖는 1차 목표, 컴퓨터 언어를 쓸 수 있는 2차 목표, 그리고 프로그램 설계자인 3차 목표까지 도달해야 가능합니다. 공대생의 목표는 단순 프로그래머가 아닌 기획자, 선도자, 창의적인 사람이 되는 것입니다. 그래서 21세기는 코딩을 배워야 합니다. 프로그램 언어인 BASIC, C++, JAVA, HTML, Python를 잘 알고 쓰는 것도 중요합니다. 또한 컴퓨터 프로그램 언어 공부와 함께 연관 학문과 예술에 대한 이해, 그리고 상상력이 병행되어야 합니다.

 코딩의 주류 생각은 상기와 같고, 비주류 생각, 반대의 시각도 있습니다. 코딩은 창의력의 적입니다. 코딩은 컴퓨터가 원하는 최적의 기법으로 생각하고 실현하는 방법입니다. 모두가 효율적인 최적화를 생각하는데 여기에 무슨 창의성이 있을 수 있겠습니까? 창의성은 한 번도 해 보지 않은 것을 경험하고, 다른 것과 융합해서 구현할 때 발현됩니다. 코딩이 생각하는 훈련의 기본은 되겠지만, 높은 수준의 창의성을 얻을 수는 없습니다. 모니터만 보고, 최적화만 시도하는 환경에서 창의성은 없습니다. 이들에게 무슨 공감이 있고, 창의성이 나올 수 있습니까? 완전히 다른 것을 경험하고, 공감도 하고, 좌도 우도 아닌 중간을 생각하고, 생각도 일도 안 하는 시간과 공간 속에 있어야 비로소 창의력이 내면 깊숙한 곳에서 자랍니다. 생각해 보시기 바랍니다.

1-4 자녀와 부모의 신뢰 형성

　자녀를 키우는 데 제일 중요한 것이 무엇일까요. 말할 것도 없이 건강입니다. 정신적 건강, 육체적 건강입니다. 그리고 부모와 자녀 간의 믿음이라고 생각합니다. 자녀의 학습 능력, 성실성, 절제력 등은 다음입니다. 에릭슨은 심리 사회적 8단계를 제시했습니다. 1단계는 1세까지의 신뢰감, 2단계는 3세까지의 자율성, 3단계는 6세까지의 주도성, 4단계는 11세까지의 근면성, 5단계는 사춘기의 정체성, 6단계는 청년기 혹은 성년 초기의 친밀감, 7단계는 성인기의 생산성, 8단계는 노년기의 자기 통합입니다. 탄생에서 1세까지에 부모와 자식 간의 신뢰감 형성 시기랍니다. 각각의 시기에서 부모와 자식 간에 신뢰감을 형상하지 못하면, 각각의 단계를 다시 회복하기란 거의 불가능하다고 합니다.

　살기가 녹록지 않습니다. 맞벌이가 많습니다. 한두 명밖에 아이를 갖지 않는 요즘, 내 자식은 너무 소중합니다. 내가 가진 모든 것을 다 쏟아서, 내 자녀 앞의 장애물을 모두 걷어 주고 싶습니다. 그러다 보니 별의별 편법을 다 씁니다. 특히 가진 자와 고위층이 더 합니다. 2021년 육아 휴직률이 2.4%에서 26.3%로 상승합니다. 그러나 2020년 출생률 기준 남녀 육아 휴직 사용률을 보니 여자는 63.9%이고, 남자는 3.4%밖에 되지 않습니다. 육아는 오로지 여성 몫입니다.

태어나고 6세, 11세까지 정성을 다해서 보살펴야 학교에서 사회에서 정상인으로 성장할 수 있는 기초가 되는데, 오로지 그 몫이 여성의 몫입니다. 한 번 뒤처지면 다시 올라가기 힘든 경쟁 사회는 경력과 자식을 선택하게 만듭니다. 20세기는 여성에게 사회 참여를 크게 요구하지도 않았습니다. 형제도 있고, 친척들도 곁에 있어서 자연적, 가족적 정서와 교육에 크게 신경 쓰지 않아도 가능했습니다. 하지만 이제는 핵가족 시대가 되어 오로지 가족의 몫인데, 자식의 신뢰와 정서 교육이 오로지 엄마의 몫으로만 남았습니다. 이래서 2022년 세계 최저의 합계 출산율 0.72%명을 예측하고 있습니다.

여성이 자식을 낳은 것으로 소임을 다한 것으로 보아야 합니다. 사회적 계승의 책임도 있지만, 여성 개개인도 각자의 꿈을 키울 권리가 당연히 있습니다. 적극적으로 남녀 육아 휴직률에서 남성 비율이 커져야 합니다. 권고가 아닌 스웨덴처럼 명문화, 법제화해야 합니다. 또한 국가와 사회의 시스템도 여성의 육아 부담과 경력 단절이 최소화되도록 하여야 합니다. 여성의 경력 단절이 아이의 신뢰감과 정서 발달이라는 보상이 되어서는 안 됩니다. 가족과 사회의 합심으로 아이가 성장하고 사회의 일원이 되는 것이 정상입니다.

부모와 아이의 신뢰감 형성기는 1세까지입니다. 언어의 이해와 어휘력의 기본 소양은 대부분 3세까지 형성됩니다. 아이의 신뢰감과 정서 발달은 10세 이전에 다 이루어집니다. 가족 간의 신뢰 형성이 가능한 육아 제도와 이를 지원할 제도의 확립이 필요합니다. 10세 이후는 늦습니다. 어릴 때 사랑을 신뢰를 느끼게 해 주어야 합니다. 어릴 때의 사랑과 신뢰는 커서도 성인이 되어도 추억으로 기억으로 몸속에 녹아 있습니다.

형제간에도 30세가 넘으면 싸우지 말기 바랍니다. 10대, 20대는 형제간에 다툼이 있어도 부대끼며 매일 얼굴을 보기에 자연스러운 화해가 되고 신뢰가 회복됩니다. 30세가 넘으면 같이 살지 않는 것이 일반적입니다. 다툼이 마지막 기억이 됩니다. 마지막 기억은 다툼이고, 같이 부대끼지 않으니 화해가 어렵습니다. 들어 주고 양보해서 좋은 기억과 신뢰감이 이어지도록 해야 합니다.

자녀에게 양보하는 것은 당연하게 생각합니다. 한 걸음 앞서서 걸어왔기에 뒷사람에게도 양보했으면 합니다. 사랑과 존중, 그리고 믿음을 주고받으며, 어제 같은 오늘이, 내일도 지속되었으면 합니다. 이것이 신뢰입니다.

1-5 거실 TV 치우기, 환경 바꾸기

　집안의 최대 오락 기구는 여전히 TV입니다. 그래서 대부분의 가정에는 TV가 거실에 있습니다. OTT(Over The Top), 핸드폰, 게임기 등이 생기면서 TV의 기능과 역할이 축소되었지만 그래도 거실에 있습니다. 주로 안방에 TV를 두고 침대에서 보니, 자세가 나빠지고, 숙면에도 도움이 안 되어 다시 밖으로 뺐습니다.

　　　다른 삶을 원하면 다른 기준으로 다르게 생각하라.
　　　　같은 방식에서는 같은 결과만 있을 뿐이다.

　딩크(Double Income No Kids)족이라 해서 아이 없는 가정도 많이 생각합니다. 사랑하는 사람이 서로만 보아도 좋습니다. 그런데 세상에 영원한 것은 없습니다, 사랑도 몇 개월, 길어도 1, 2년 내에 새로운 단계로 진화해야 발전이 지속됩니다. 연애 내지는 신혼 초 기분이 지속되는 것도 문제고, 지속되지도 않습니다. 뜨거운 사랑은 지속적인 온기를 가진 사랑으로 발전하는 것이 정상입니다. 새로운 진화와 발전에 아이만한 존재가 없습니다. 많이 낳지도 않는 지금, 내 자식은 정말 사랑스럽고, 소중합니다. 예전에는 형제나 친척이 많으니 그 속에서 성장해도 큰 문제가 없었습니다. 지금은 아닙니다.

아이 때는 부모의 관심과 대화가 정말 많이 필요합니다. 삶의 중심이 아이여야 합니다. 아이가 있기에 삶에 동기가 부여되고, 세상을 사는 맛도, 책임도 느낍니다. TV와 오락기 세대이니, 이것들이 거실에 있고, TV에서 흥미로운 게 나오면, 거기에 관심이 갑니다. 아이도 부모보다 책보다 현란한 TV에 관심이 갑니다. TV 없는 거실은 아이 때문에 정리 정돈이 안 될지라도, 아이의 집중도와 책에 대한 관심은 말할 수 없이 높아집니다. 또한 아이와 노는 시간이 증가합니다. 아이의 집중도만 증가하는 것이 아닙니다. 조용한 거실은 나의 집중도도 높입니다. 좋아하는 음악도 들을 수 있습니다. 주말도 알차게 지낼 수 있습니다.

핵가족입니다. 2명, 3명, 많아야 4명입니다. 그럼에도 정말 같이 밥 먹기 힘듭니다. 집은 같은 지붕 아래 잠자는 곳, 그 이상도 이하도 아닙니다. 거실에 TV가 없도록 합시다. TV가 거실에 있어도 청소년 자녀들은 TV를 안 봅니다. 이미 TV를 공유해서 보던 시대는 끝났고, 핸드폰의 YouTube와 같은 개인화 시대로 세상은 바뀌었습니다. 그래도 초등학교 저학년까지는 부모의 노력이 자녀의 습관을 바꿀 수 있습니다. 거실을 TV 보는 곳이 아닌 가족이 모이는 곳으로 바꿉니다. 가끔씩 모여 소소한 것을 서로 이야기하고 들어 주니, 대화가 있는 가족이 됩니다. 사람이, 가족이 중심입니다. TV 없는 거실 인테리어도 가능합니다. TV가 중심이 아닌, 가족이 중심인 인테리어를 할 수 있습니다. TV 없는 거실은 다음이 좋습니다.

놀이 공간, 창의성 공간이 됩니다.
독서 공간, 생각 공간이 됩니다.
가족의 중심, 사람 중심 공간입니다.
가족 설계, 미래 설계의 공간이 됩니다.

요즈음은 핸드폰에도 철학이 필요합니다. 4차 산업 혁명의 중심에 핸드폰이 있다고 해도 지나치지 않습니다. 핸드폰이 인류의 생존 도구로 등장했습니다. 그러나 어린이에게는 생존보다는 오락 기구 기능이 더 큽니다. 부모의 선택과 기준에 따라 어린이의 인생이 달라질 수 있음을 아셔야 합니다. 자식에 대한, 가족에 대한 구체적 계획과 생각, 그리고 예행이 있었으면 합니다. 일에서의 시행착오는 작은 시행착오입니다. 자식에 대한 시행착오는 가족 모두에게 큰 불행을 가져올 수 있습니다.

요즘 아이들의 문해력이 떨어졌다고 다들 걱정합니다. 한국뿐이 아니고 전 세계가 다 우려합니다. 한국의 문해력 감소가 다른 나라보다 더 큽니다. 핸드폰 등장으로 모든 것이 단답형이 되고, 질문도 답도 핸드폰에 있으니 생각을 깊이, 오래 안 합니다. 단어 사용 및 이해 능력 감소는 문장 사용 능력 및 이해력 감소를 가져옵니다. 단어 및 문장력 감소는 학습 능력 저하와 직결됩니다. 방정식을 사용하여 푸는 수학과 물리 문제는 잘 풉니다. 그런데 같은 문제를 서술형으로 출제하면 손도 못 대는 경우가 많습니다. 서술 내용을 이해하지 못 합니다. 그러니 못 풉니다. 국어 포기자가 수학 포기자, 과학 포기자, 사회 포기자가 됩니다. 읽기는 하는데 뜻을, 의미를 이해 못 하니, 겉은 아니지만 속은 문맹입니다. 실질 문맹률이 높다고 걱정합니다. 어려운 단어 사용이 줄어든 영향도 있을 것입니다.

 문맹 탈출의 길은 무엇일까요? 독서와 놀이입니다. 거실에 TV가 없는 것으로 시작은, 환경은 된 것입니다. 책에 흥미를 느끼려면 더 흥미로운 것, 더 쉬운 것을 주변에서 없애야 합니다. 더 흥미로운 것, 더 쉬운 것이 TV이고, 핸드폰이고, 게임기입니다. 독서하다가 어려운 단어가 있으면 질문하고 찾아봅니다. 놀이하다가 방법을, 규칙을, 전술을 생각합니다. 어휘력이 늘고 생각도 논리적으로 깊이 하고, 상상도 합니다. 발표 논리와 창의력이 높아집니다. 부모들도 아이 수준에 맞춘 너무 쉬운 단어 사용을 자제해야 합니다. 자녀는 고학년으로 가야 하고 최종적으로는 사회에서 역할해야 합니다. 고학년 수준의 단어와 사회가 요구하는 단어 수준에 도달해야 교양인, 사회인이 됩니다. 단어 능력과 어휘력, 그리고 사고의 깊이와 습관은 어릴 때 자리 잡습니다. 최종적으로 단어적, 문장적,

논리적 성장이 제때 제대로 되지 않으면 삶과 성장이 위험합니다. 친구 관계에 이상이 생깁니다. 내 자녀의 존재가 위기입니다. 아동 때 키워 주어야 하지, 청소년기와 성인기는 너무 늦습니다.

부모보다 잘난 자녀도 많습니다. 부모보다 못한 자녀도 많습니다. 부모가 나태하면서 자녀에게 성실함을 바랄 수는 없고, 되지도 않습니다. 자녀에게 부모는 거울입니다. 그래서 가정의 환경이, 가족의 습관이 중요합니다.

1-6 양파는 슈퍼에 있습니다

외국에 가면 미술관, 박물관을 꼭 들립니다.

미술품을 보면서, 교과서에 작은 그림으로 나온 것을 원품, 진품, 실제 크기로 보면서 전율하고 감격합니다. 너무 황홀합니다.

1999년에 중국 윈난성의 쿤밍이라는 도시에 학회 출장을 갔습니다. 시내 번화가에서 H.O.T 액세서리 가게를 보았습니다. 90년대 최고의 아이돌 가수였지만, 삼국지 유비의 초나라 끝자락 어디에 있는 도시 가게에서 H.O.T를 볼 줄은 정말 몰랐습니다.

코미디언 심형래의 〈영구〉 시리즈가 있었습니다. 90년대 초까지 영화가 잘 되었습니다. 다시 공룡 시리즈가 나옵니다. 공룡 시리즈와 유사한 때에 미국 영화 〈쥬라기 공원〉이 나옵니다. 대패입니다. 수준에서 완전히 차이가 납니다. 2010년 〈디워〉 영화가 미국 진출을 해 보지만 역시 실패합니다. 세계 흐름, 기술 수준과 너무 차이가 납니다.

우리나라 영화를 볼 때면 느끼는데, 정말 감정을 잘 살립니다. 가끔은 불편하지만, 감정 밑바닥까지 헤집습니다. 그런데 10여 년 전까지는 영화가 갑자기 끝나는 것이 종종 있었습니다. 생각의 여운보다는 단절입니다. 영화 자금이 부족하다나 끊겼다나 하더군요. 이제는 독립 영화라도 그런 영화 없습니다.

국뽕인지 모르겠지만 한국 콘텐츠가 세계로 뻗어 나가고 있는 것은 확실합니다. 왜 그럴까 생각해 보았습니다.

어렵고 힘든 조건을 뚫고 여기에 왔습니다.
결과만 보면 오늘날에 된 듯하지만, 실패와 고난을 딛고 작금의 영광과 성과를 얻은 한국 문화계입니다. OTT(Over The Top)와 같은 세계 흐름도, 운도 우리 편입니다. 실패와 좌절을 극복해야만, 성공이 기다립니다. 무엇이든지 하루아침에 되지 않습니다. 노력과 축적의 결과가 오늘의 성과입니다. 그래서 세계인을 감동시키고 있습니다.

대한민국에서 찾기 힘든 장르는 미래를 상상하는 SF 영화 중 우주와 스파이 관련 콘텐츠입니다. 과거 지향적 혹은 현재와 과거를 연결하는 드라마나 영화는 있습니다. 그러나 1977년에 처음 나온 스타워즈와 같은 미래 지향적 우주 영화나 드라마는 없습니다. 2022년에 넷플릭스에서 방영한 〈승리호〉가 한국에서 처음 만든 우주 소재 영화일 겁니다. 그런데 여기 나온 실험실 기구가 1970년대 수준입니다. 21세기에 이런 실험실은 대한민국에 없습니다. 공대생 눈에는 그것밖에 안 보입니다. 감독과 작가는 분발해야 합니다. 첫술에 배부를 수 없습니다. 축적의 시간이 부족하고, 자금과 역량이 모자란 이유도 있을 겁니다. 때로는 양(Quantity)이 질(Quality)을 이끌 수 있고, 한국에서 우주 소재 영화는 양이 절대적으로 부족합니다. 양이 질로 표현될 때까지 무조건 보고, 무조건 응원합니다.

대한민국 군대는 질적, 양적으로 세계 수준급이고 K-방산도 세계로 뻗어 나가고 있습니다. 한국인은 비밀을 묻을 줄 몰라서 스파이에 맞지 않는다고도 합니다. 편견입니다. 하여튼 스파이 소재 영화나 드라마는 드뭅니다. 있지만 수사물 시리즈 정도이고, 이것도 현재나 과거를 대상으로 하지 미래 지향적인 것은 없습니다. 미래 기술이 들어가는 순간 작가고 감독이고 연출가고 모두 초라해집니다. 현실감 있는 상상력이 부족해 보입니다. 양(Quantity)이 질(Quality)을 선도할 수 있습니다. 양(Quantity)이 질(Quality)로 변환되기까지 걸리는 시간, 이것이 축적의 시간입니다.

한국의 SF 영화는 많은 부분에서 CG(Computer Graphics)를 사용해 우주와 미래 요소를 가미하지만, 스토리 전개가 20세기 형식이고,

실사 실험실은 전선이 여기저기 있고, 박물관에나 있을 법한 286 컴퓨터가 보이고, 의미 없는 글들이 화면에 보여 응원하는 공대생의 기를 뺍니다. 옥에 숨겨진 티가 아니라 무지와 편견의 티가 무더기로 보이는 한국 SF 영화입니다. 대한민국의 SF 영화는 배경이 깔끔하고, 한국적 유머와 지루한 스토리 전개를 없도록 하고, 미래 지향적 세계관과 액션을 제시해야 합니다. 관객층도 한국인 대상이 아니라 세계인을 대상으로 해야 합니다. 첫술에 너무 많은 것 요구한다고 할 수도 있고, 해결책 없는 지적은 쉽다고 할 수도 있지만, 이것이 대한민국 SF 영화가 갈 방향입니다. 양(Quantity)은 질(Quality)을 이끌지만, 질(Quality)에 대한 고민은 시간을 단축합니다.

한국 제작자가 잘 살리는 감정선과 미래 기술이 만나서 꽃피기를 바랍니다. 필요하면 공대생도 채용하고, 견학도 하고, 자문도 받길 바랍니다. 지식 확장을 도모해서 인문학적 지식과 함께 과학과 공학 지식을 두루 갖춘 작가와 감독이 필요합니다. 과거 지향적 감정선을 건드리는 것은 연극 영화 관련 학과 졸업생으로도 충분하지만, 여기에 미래 지향적 기술을 접목하기는 이들 출신만으로는 한계가 있습니다. 미래 지향적 기술을 이해하고, 구사할 줄 아는 제작자가 필요합니다. 새로운 영화 기술을 전공한 영화 제작자, 드라마 제작자가 나와서, 단순히 기술을 사용하는 정도를 넘어서 활용하고 창조하는 단계가 되었으면 합니다. 100% 다 알고 제임스 카메론 감독처럼 새로운 영화를 창조하면 좋겠지만, 반드시 그럴 필요는 없습니다. 협업(Collaboration)할 능력과 의지가 있으면 됩니다. 핵심 기술을 알고 맥을 짚을 수 있으면 됩니다. 정성적(Qualitative)으로 잘해 보자는 말은, 못해도 된다는 말과 같은 의미입니다. 무엇을, 어떻게, 어느 수준까지, 그리고 언제까지 할 것인지 정성적(Qualitative), 정량적(Quantitative)으로 매듭을 만들 수 있어야 협업도, 분업도, 그리고 회의도 가능합니다.

영화 산업과 음악 산업을 합한 것보다 큰 시장이 게임 시장입니다. 영화와 음악과 게임은 별도가 아닙니다. 모두가 엔터테인먼트 산업입니다. 흔히 게임 산업은 기술을 아는 자가 만들고, 영화와 음악은 기술보다는 감정 이입이 우선한다고 합니다. 아닙니다. 흥미와 감동을 소비자에게 주는 것은 모두의 목표이고, 이것을 기술로 구현하는 산업이 엔터테인먼트입니다. 영화와 음악에서도 가상의 인물이 활동하기 시작했습니다. 이야기 전개에 따른 흥미나 감동의 감정선은 계속되겠지만, 방법은 기술 의존적 산업 구조가 될 것이고, 기술을 모르면 영화 산업도, 음악 산업도, 드라마 제작자도 낙후됩니다. 기기를 단순히 사용만 할 줄 알면 소비자 입장입니다. 가치 설계와 가치 창조, 그리고 부가 가치를 생각하는 생산자 입장을 갖고, 종합적 사고를 하는 영화 제작자와 음악인을 응원합니다. 기술을 알고 생산자 입장을 갖는 공대생이 엔터테인먼트 산업에 참여해서 협업도 하고, 선도자도 되기를 희망합니다.

양파라는 가수가 1997년 말에 〈애송이의 사랑〉을 발표해서 큰 인기를 얻습니다. 지금은 사라진 음반 가게를 잠시 했었는데 고객이 양파를 찾습니다. 해맑게, 당연히 지하 슈퍼에 가 보라고 했습니다. 왜 음반 가게에서 양파를 찾는지, 일고의 생각도 없었습니다. 고객이 다이너마이트를 찾습니다. 고객은 BTS 음악을 원합니다. 음반 주인은 노벨상의 노벨을 설명하거나, 광산이나 지하철 공사장에 가서 다이너마이트 찾으라고 합니다. 최신 정보가 없습니다. 작은 우물 속에서 고정 관념으로 살고 있습니다. 정보는 생존에 필수적 요소입니다. 대부분의 엔터테인먼트 콘텐츠는 스트리밍으로 가능합니다.

1990년대에 서태지에 열광하던 대한민국 10대가 지금은 30대 중 후반, 혹은 40대가 되었습니다. 21세기 초반에는 BTS가 세계 청소년들을 흥분시킵니다. 청소년의 고민에 공감하고, 그들을 반영하고 있기에 세계가 그들의 팬입니다.

정보를 얻는 방법이 진화하고 있습니다. 과거에는 학교 공부를 통한 정보 습득과 지식 습득이 주였습니다. 이것이 네이버 단어 검색, YouTube, 그리고 AI ChatGPT로 발전하고 있습니다. 학원에, 학교에 안 가도 의지만 있으면 AI가 훌륭한 선생이 되는 시대입니다. 그래도 친구를 사귀고 사회성을 기를 곳은 학교입니다. 찰스 다윈의 진화론을 언급하지 않아도, 인류는 사회를 형성하고 공감과 지성을 나누도록 진화했고, 그 결과가 오늘의 인류입니다.

1-7 취미 및 여행하기

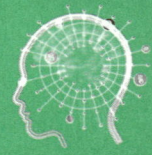

과음도 안 하고, 담배도 안 하고, 커피도 그다지 안 좋아하니, 인생 재미없다고 주변에서 말합니다. 그냥 혼자 있어도 무방하고, 계획 세워 여행 다니고, 음악 듣고, TV 보고, 책 읽는 것도 재미있습니다. 성격 유형 검사로 MBTI(Myers Briggs Type Indicator)를 많이 합니다. 사람 성격은 크게 내향성(I)과 외향성(E)으로 구분할 수 있는데 나는 내향성입니다. 참고로 인간 50%는 내향성이랍니다. 외향성 사람이 연락하고, 함께 놀자고 합니다. 외향성 사람이 저 좋아서 하는 짓이니, 내향성 사람은 휘둘리지 마세요. 내향성인 사람은 단호히 거부하는 것이 오랫동안 불편하지 않다고 합니다. 외향성과 내향성, 모두 장단점이 있어서 오늘날 공존합니다. 평범한 내향성인 나는 사람을 많이 만나고 싶지도 않고, 내가 원하는 곳, 내가 가고 싶은 곳에 가면 그냥 좋습니다. 비슷한 친구 한두 명이면 충분하고, 없어도 무방합니다.

음악은 LP와 스트리밍으로 많이 듣습니다. 음악은 추억입니다. 그래서 1980년~2010년까지를 많이 듣습니다. 최근 음악은 드라마를 통해서 추억이 쌓이고, 장면이 기억할 만하고, 음악이 내 취향에 맞아야 듣습니다. 나는 음치입니다. 차에서 음악을 수도 없이 반복해서 들으니 몇 곡은 대충 부릅니다. 최근에 오디오 앰프를 교체했습니다. 기십만 원 하는 앰프를 검토하다가 다소 비싼 것을 나에게 투자했습니다. 소리가 너무 좋습니다.

여행을 주말마다 다닙니다. 전라도 각 군의 가 볼 만한 곳 10선은 거의 다 가 보았고, 경상도까지 갑니다.

여행은 목적이 있습니다. 30대에는 아이들 때문에 여행을 갔고, 40대, 50대에는 좋아서 다녔습니다. 지금도 좋은 곳에 가지만, 가는 곳마다 수익 모델이 무엇인지 생각합니다. 음식점이야 맛이 좋고 입지가 좋아야 한다지만, 포화 상태입니다. 또한 전문 노동력이 필요해서 무리입니다. 술은 막걸리부터, 소주, 맥주, 와인, 위스키까지 다 똑같습니다. 술맛 구분을 못 하고 알지도 못합니다. 또 치즈 맛도 구분 못 합니다. 그런데 궁금하지도, 알고 싶지도 않습니다.

여행 가면 카페가 정말 많습니다. 집 주위에도 많습니다. 기본적으로 커피 맛이 좋아야 합니다. 카페는 커피를 파는 곳이 아닌 공간을 파는 곳, 과거의 사랑방을 제공하는 곳입니다. 수익 모델을 관찰하니, 요즈음 잘 되는 곳은 갤러리 연계 카페입니다. 갤러리는 무료이니 와서 그림 보고, 문화 향유하고, 커피 마시며 쉬라는 것입니다. 가끔 형편없는 그림 1, 2점 두고 문화비를 받는 갤러리 카페도 있습니다. 다음은 풍경 연계 카페입니다. 호수, 저수지, 강가, 언덕에 많습니다. 체험형 카페도 많습니다. 염소, 양, 어류 등을 두고 어린이 혹은 가족 지향형 카페입니다. 또 다른 카페는 절, 혹은 문화 시설 연계입니다. 이런 연계형이 아니면 카페를 대형으로 합니다. 향후 교외에 있는 카페가 어때야 하는지를 생각하게 해 줍니다.

여행에서는 반드시 마지막 지점에 가려고 합니다. 서해는 뻘이 있어서 힘들지만, 북쪽은 휴전선을 가야 하고, 동쪽은 동해에 발을 담그고, 남쪽은 해남 땅끝을 반드시 가야 합니다. 어떤 것도, 아무도 없어도 꼭 가야 합니다. 제주도 가서는 최남단 섬 마라도를 갔다 왔습니다. 여기를 보고는 제주도에 가고 싶은 마음이 많이 줄었습니다. 포르투갈에 가서는 대륙의 끝인 호카곶(Cabo da Roca) 절벽에서 유럽 어떤 곳보다 감동과 장대함을 느꼈습니다. 튀르키예(터키)에서는 유럽 대륙과 아시아를 연결하는 보스포루스 해협을 다리 위로, 그리고 배로 갔다 오는 것이 소피아 성당을 보는 것보다 의미와 감동이 크고, 기억에 남습니다. 인류의 과학 문명 시작인 대항해 시대가 엔리코 왕자나 콜럼버스가 아닌, 1453년 이슬람에 의해 동로마 제국 수도 이스탄불 멸망으로 시작되었기 때문입니다. 미국에서는 LA 산타모니카(Santa Monica) 해변을 가야 했고, 뉴욕에서는 뉴욕보다도 브룩클린, 코니아일랜드 바닷가를 가 본 것에 의미가 있습니다. 이 끝점 바닷가에 도착해서 바닷물에 발을, 아니면 손이라도 적셔야, 여행을 마치고 집에 돌아가도 된다는 생각이 듭니다. 끝점 마지막에 집착하는 것도 병인 듯하지만, 아무에게도 피해 주지 않고 가족들도 가면 좋아합니다. 불가능하지만 우주도 끝의 위치에 가서 팽창하는 우주를 보고 싶습니다. 시작을 놓쳤기에 더욱 그렇습니다.

　인생 여행의 마지막일 수 있는 은퇴 후 무엇을 할까 고민 중인데, 이것도 만만하지 않습니다. 은퇴 5년 안에 운명을 달리하는 선배들이 많습니다. 은퇴 후도 규칙적인 일이 필요합니다. 오는 것은 순서가 있어도 가는 데는 순서가 없습니다. 건강하게 순리대로 퇴장했으면 합니다.

1-8 빨리빨리하기

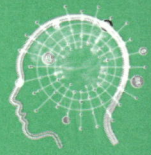

　한국인의 특징은 빨리 끓어오르고 빨리 식는다는 것입니다. 어찌 되었든 빨리빨리입니다. 저기 가서 무엇을 가져오라고 해서 가는데, 도착도 하기 전에 또 일을 시키고, 오다가 보면 또 일을 추가해서, 다시 가서 잘도 가져옵니다. 한국인은 빠릅니다. 그냥 빠른 것이 아니라, 잘하면서 빠릅니다. 우리의 교육 수준은 높아서 이해도가 빠르고, 창의적이라 새로운 생각도 자꾸 생기니 빨리빨리 해 보고, 수정하고, 출시합니다.

　한국인의 특징은 '빨리빨리' 하면서, '우리'라고 하면서 개인주의적이고, 패배를 인정하지 않습니다. 외세의 침입에 우리는 똘똘 뭉쳐서 대항합니다. 그리고는 흩어집니다. 흩어지는 것만이 아니고, 우리끼리 또 싸웁니다. 이제 우리끼리의 경쟁이랍니다. 죽어도 고고, 못 먹어도 삼세판입니다. 오늘 진 것은 운이 없어서 진 것이지 실력이 없어서 진 것이 아니라 합니다. 실패와 패배에 대한 인정이 없습니다. 무림 고수에게서 실력을 쌓아 올 것이니, 내일, 내년을 기다리랍니다. 이것이 5천 년 한국을 있게 한 원동력입니다.

그런데 패배와 실패를 인정 안 하는 것은 장점이 아닙니다. 잘못했으면 진솔하게 인정하고, 사과하고, 배상하고, 방지책을 제시하고, 책임져야 합니다. 특히 장 자리에 있는 분들이 책임에 너무 둔감합니다. 책임에는 직접 책임, 조직 책임, 역할 책임이 있습니다. 왜 장 자리에 있는 분이 직접 책임만 언급합니까? 직접 책임은 담당 조직 구성원이 지는 것입니다. 장이 아닙니다. 장 자리에 있는 분은 직접 책임뿐만 아니라 조직 책임과 역할 책임을 모두 지는 분입니다. 책임지기 싫으면 장 자리에 앉지 말아야 합니다. 장 자리를 영광의 자리로만 생각해서는 안 됩니다. 평직원과 장 자리에 있는 분은 처신이 달라야 합니다. 책임지는 자리이기에 권한도 있는 것입니다. 책임의 인정은 피해자를 고려한 최소한의 위로입니다. 국민의 세금을 받는 장은 국민과 공감해야 합니다. 장 자리에 있는 분이 직접, 조직, 그리고 역할 책임을 질 각오로 매사를 대하면, 국민의 분노와 원망이 크지 않을 것입니다.

일본은 장인 정신이 있어서, 한 가지 일에 집중해서 평생을 보냅니다. 잘 만들기는 했는데 시류가 좀 지났습니다. 그래서 21세기 요즘 세상의 변화와 혁신에 맞지 않는 모양입니다. 한국인은 옛것을 잘 보존하지 못한다고 하는데, 그 대신 새것, 혁신적인 것, 창의적인 것에 열광합니다.

미국은 기차가 깁니다. 한 100개의 객차가 연결된 것 같습니다. 기차 때문에 종종 길이 막히니, 기찻길 아래로 터널을 만드는 공사를 시작했습니다. 갈 때 시작했는데 올 때도 안 끝났습니다. 모두 잘 참습니다. 한국 같으면 2달이면 끝날 공사를 2년을 합니다. 서로 대단합니다. 2달에 끝내니 압축해서 진행한 것입니다. 대한민국은 압축 성장입니다.

그런데 미국은 상대적으로 인명 사고가 적습니다. 그만큼 안전에 유의합니다. 우리는 산업 재해가 매번 뉴스로 나옵니다. 2021년 사망자는 건설업이 551명, 26.5%로 가장 많습니다. 외국과는 통계 작성법의 차이로 단순 비교는 어렵지만, 산업 재해율이 낮지 않습니다. 연간 산업 재해율도 매년 증가하고 있습니다. 이들 사고 사망자는 저임금, 안전 장비 미비, 규정 미준수 등의 비용적인 요소와 인명 경시의 빨리빨리 풍조의 영향이 클 것입니다. 2022년에 중대 재해 처리법이 시행됐지만, 재해가 줄지 않습니다.

사망자에게도 부모 형제와 가족이 있습니다. 역지사지(易地思之)하면 그렇게 하지 않을 것입니다. 전통적으로 동양은 군신 관계를 중시하지, 개개인의 삶과 생명에 관심이 덜합니다. 이제는 아닙니다. 한 생명 한 생명이 너무도 소중하고 안타깝습니다. 더 이상 재해와 사고가 없었으면 합니다. 이제는 덜 빨리빨리 해도 됩니다. 이제는 안전이 회사, 사회, 국가의 경쟁력입니다. 해 보는 것이 중요합니다. 경험은 창의성의 기본입니다. 그러나 무작정 열심히 해 보는 것은 자원과 시간의 낭비이고, 얻는 것도 없습니다. 열심히 하기보다는 잘하는 것이 중요한 시대이고, 더 중요한 것은 안전하게 하는 것입니다. 생명을 잃으면 모든 것에 의미가 사라집니다. 서두르지 말고 안전하게 잘했으면 합니다.

1-9 경제 교육

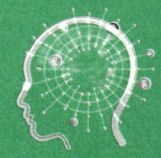

　19세가 성인 연령이니, 25세 기준으로 자녀에게 세금 없이 증여할 수 있는 액수가 약 1억 정도입니다. 태어나면서 2천만 원, 11세 때 다시 2천만 원을 줄 수 있고, 21세에 다시 5천만 원을 증여할 수 있습니다. 국세청의 홈택스에 반드시 준 내용을 증빙으로 등록해야 인정받습니다. 제도는 이렇습니다만 실제로 그렇게 하는 부모는 매우 적습니다. 종종 받는 명절 금액은 통상 면세라 보면 됩니다.

　경제 교육을 위해 돈의 사용 명세서를 작성해라, 주식 통장을 만들어서 관심을 유도하라 등등의 방법이 제시됩니다. 본인 것이면 관심이 높기 마련입니다. 그러나 학생의 본질은 학교 공부이니, 도를 넘지 않도록 해 주시기 바랍니다. 사정이야 어쩔 수 없으니 하는 것이지만, 학생 때 아르바이트하는 것을 반대합니다. 등록금 정도 벌려면 월 100만 원 정도 벌어야 합니다. 그렇게 벌려면 수업 끝나고, 밤늦도록 일해야 합니다. 공부할 시간이 없으니 학점이 바닥입니다. 차라리 공부를 열심히 해서 전액 장학금을 받으면 현재와 미래에 도움이 된다고 이야기합니다. 그래도 저녁에 일을 나갑니다. 야간 아르바이트는 현금이지만, 장학금은 불확실하다고 하면서!

대학생에게 취업 후 얼마 받기를 원하는지 질문합니다. 월 3백부터 계속 올라갑니다. 그러면 회사에 얼마 벌어 줄 것인지 질문합니다. 3백을 받으니 3백만 벌어 주겠다고 합니다. 그러면 회사 망합니다. 회사는 순익의 3백을 그대로 주는데, 3백만 벌어 오겠답니다. 매출, 이윤 개념도 없습니다. 순익 3백으로 월급을 주고, 연구비, 재료비, 관리비, 시설비, 복지비, 감가상각, 기타 공과금 등도 주어야 하는데 얼마를 벌 것이냐고 다시 질문합니다. 통상 제품 판매비의 10%가 회사 이윤이라고 이야기합니다. 고민하더니 월 3천 정도 매출을 올리겠다고 합니다. 힘든 표정입니다. 그래도 회사 망합니다.

중소기업 회사라면 본인 월급의 최소 2배의 이윤을, 판매가의 10%가 회사 이익이라면 20배의 매출을 해야 합니다. 즉, 급여 3백만 원을 받는 경우라면, 월 6천 이상의 매출을 해야지 회사가 겨우 존속합니다. 대기업은 최소 월 급여의 50배 이상의 매출을 올려야지 회사가 운영됩니다. 중소기업은 최소 1억 매출, 대기업은 최소 2억 매출이 월급 받은 만큼 회사에서 일하는 금액입니다. 3백 받았다고 3백만큼 일하면 회사는 당연히 망합니다.

 조용한 퇴사(Quiet Quitting)가 있습니다. 20세기는 개인 역량에 기초한 리더십이 중요했지만, 21세기 신입 사원에게는 계획적이고 예측 가능성이 중요합니다. 나의 가치는 내가 한 일의 결과로만 평가받지 않겠다는 게 21세기 사원의 가치관입니다. 일을 열심히 하지 않겠다는 것이 아니고, 초과 근무, 돌발적 근무를 거부하고, 회사에 무조건적 충성을 하지 않겠다는 개념입니다. 또 자산 벽이 높고 다시 취업하기 힘드니 소극적으로 회사 다니는 것을 뜻하기도 합니다. 업무에도 최소한 기본만 합니다. 회사의 발전과 나를 일치시키지 않습니다. 회사 입장에서는 큰 리스크입니다. 2021년 취업 포탈 직장인 조사에서 20대는 70%, 50대는 40.1%가 받는 만큼 일하는 것을 옹호합니다. 사원의 월급은 일한 것도 있지만, 회사로서는 미래를 보고 투자하는 성격도 큽니다. 사원의 적성과 자질, 그리고 꿈을 이끌 상사의 노력과 세심한 관찰이 필요합니다. 처음 사원이라고 영원히 사원이 아닙니다. 신입 사원도 3년 후에는 대리, 4년 후에는 과장입니다. 부장, 이사, 사장도 될 수 있습니다. 최소 대리, 과장은 되어야 월급만큼 일할 준비가 된 것입니다. 사원 때부터 준비해야 각각의 자리에서 제 역할을 할 수 있습니다. 20세기는 능력자가 일 많다는 개념이 통했으나, 21세기는 예측성과 합리성이 중요합니다. "될 때까지 해 보자."의 20세기 문화를 강요하지 말고, 경쟁은 극심한데 자산 형성은 어려워진 상황에 공감해야 합니다. 합리성과 정의, 그리고 분배를 요구하는 사원을 이해하고 제도를 보완해야 합니다. 그래도 조용한 퇴사는 없고, 있어서도 안 됩니다. 본인도, 회사도 너무 큰 손실이고 위험입니다. 도덕적으로도, 팀원으로서도, 경제적으로도 취할 자세가 아닙니다.

회사에서 신입 사원 대신 경력 사원을 주로 뽑습니다. 공채가 대부분 사라졌습니다. 20세기에는 회사가 신입 사원을 투자로 보았는데 이제는 비용으로 간주하기에 바로 쓸 수 있고, 교육 없이도 생산성(Output)이 나오는 경력직을 선호합니다. 회사는 비용과 불확실성을 싫어합니다. 인력 교육 비용과 충성도 낮은 신입 사원의 잦은 이직으로 높아진 불확실성 때문에 경력직을 선호합니다. 경력직은 비용도 줄이지만 업무의 효율성과 예측성도 높습니다. 신입 사원 채용이 준 것은 투자 비용과 시간을 절약해서 최적화하려는 기업의 대책이 경력직을 우선하는 것입니다. 이제 학벌이 취업을 보장하던 시대는 지났습니다. 경력직 위주로 취업 문화가 변했다는 것을 취준생은 알고 대비해야 합니다.

회사도, 수험생도, 취준생도, 직장인도, 그리고 경영자도 고민합니다. 21세기는 인간과 인간이 직장에서, 일에서 경쟁하지 않습니다. 어떤 진로를 택해야 하고, 언제까지 내 직장이 존속할지의 결정을 인간이 아닌 AI(인공 지능) 발전 정도가 결정할 것입니다. 회사는 비용 절감과 불확실성 감소, 그리고 효율성 측면에서 AI만 한 것이 없다고 생각하고 있습니다. AI에 도전하지 말고, 활용법에 대해 고민해야 합니다. 그런데 너무 버겁습니다. 컨베이어 시스템의 대량 생산 혁명인 2차 산업 혁명 시대에 소수의 시스템 적합자만 생존했습니다. 물론 다수의 부품 업자, 판매자, 서비스 센터, 교통 시스템 등 무수한 직업이 생겼습니다. 하나의 직업이 영원하지 않기에 2번, 3번의 새 직업에 적응해야 합니다. 새로운 직업에 대해 2번의 적응은 가능하지만 3번은 힘들고 4번째부터는 일보다는 삶 때문에 출근합니다. 사회가 나를 필요로 하고, 나도 사회에 의미가 있을 때 나의 존재 가치를 느낍니다. 3번의 변환 혹은 적응 후에는 나의 존재 가치에 회의를 가지는 것이 인간입니다. 적응은 적응이고, 도태는 도태입니다. 내가 시궁창에 있는데 도시의 불빛, 발사되는 우주선은 나에게 의미가 없습니다. 소수의 AI를 쓸 줄 아는 인간이 다수의 AI를 쓸 줄 모르는 인간을 대체할 겁니다. 2016년 이세돌과 알파고 바둑 대결 이후로 모든 게임에서 AI가 승리합니다. 초기 AI는 기초 데이터를 입력해야 했지만, 이제는 스스로 알아서 학습합니다. 불확실하지만 AI에 대한 생존 직업을 예측합니다. 고난도 기술 분야와 인성 지배적 직업, 그리고 창의력과 통찰력이 필요한 분야가 그나마 AI 침투가 늦을 것이라 합니다. AI 발전 속도를 고려할 때 이러한 예측이 수년 후에도, 미래에도 의미가 있는지는 사실 의문입니다. 시간이 많지 않습니다. 2030년 이후에는 AI 지능과 기능이 인간을 넘어설 것으로 예측합니다. 2023년 화두는 일론 머스크가 투자한 OpenAi입니다. Dall-E2는 그림도 그립니다. 이 책의 표지 그림도 OpenAi Dall-E2를 이용해 생성한 것을 가공한 것입니다. ChatGPT3.5는 키워드 중심의 기존 검색 엔진 대신 자연어를 기반으로 인간처럼 추론하고 창작하는 초거대 AI를 사용하고 있습니다. 데이터 처리 및 가공뿐만 아니라, 인간의 창작 영역이었던 시, 음악, 소설, 논문 등의 영역, 그리고 의료 및 영상 자료 판독과 치료, 그리고 처방 영역에 영향을 줄 것입니다. 2023년에 발표될 ChatGPT4.0 모델을 모든 개발자가 주시하는 이유입니다. 핸드폰 이상의 문명 변화가 또 몰려오고 있습니다.

  회사 다니기 힘듭니다.
  그러나 변화의 물결 속에서 회사를 지속시키고, 운영하고, 정상적으로 급여를 주는 것은 더 어렵습니다. 급여 제때 주는 사장님이 신(GOD)입니다.

1-10 직장에서 유의할 것들

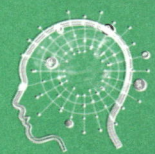

공부는 학교 졸업으로 끝나지 않습니다. 진정한 공부는 취업 후에 시작됩니다. 업무와 승진에 공부는 필수입니다. 내 삶을 위해서, 생존을 위해서, 승진을 위해서, 회사에서 공부해야 합니다. 회사 공부가 진정한 공부입니다.

직장의 기본은 회의입니다. 부서 내 회의도 있고, 타 부서와의 연합 회의도 있고, 외부 회의도 있고, 분기, 반기별 통합 회의도 있습니다. 중간중간의 TFT(Task Force Team) 회의, 간부 회의, 임원진 회의, 전략 회의 등등 회의가 많습니다. 부장급 이상은 회사 업무가 회의로 시작해서, 회의로 끝난다고 할 수 있습니다. 과장급은 회의가 일입니다. 회의를 통해서 문제점도 공유하고, 해결을 위한 업무도 분담하고, 업무 기한도 정하고, 다음 회의 일정도 잡습니다. 회의 주관자는 세부적인 것은 몰라도 되지만, 회의 내용과 방향을 50% 이상은 알고 있어야 합니다. 그래야 회의가 산으로 가는지 바다로 가는지 제어됩니다. 동호회가 아니니 즐거운 회의란 없습니다. 그래도 회의를 통해서 사람을 알고, 일이 진행되고, 타 부서 업무도 파악되고, 나아갈 방향도 알게 됩니다. 싫은 회의는 회의를 위한 회의입니다. 힘들고 어려운 회의는 브레인스토밍(Brainstorming), 소위 머리 쥐어짜기 회의입니다. 귀중한 회의 시간이 효율적으로 운영되었으면 합니다.

직장이든 학교든 세미나가 종종 있습니다.
세미나 내용의 50% 정도는 이미 알고 있고, 25%는 들어서 알고, 나머지 25%는 공부해서 알 수 있어야 합니다. 그래야 세미나가 재미있습니다. 세미나 주제가 아무리 흥미로워도, 내용 중 아는 것이 30% 이하면 들을 필요가 없습니다. 알아야 재미가 있고, 호기심이 생기고, 질문도 합니다. 세미나는 쉽지 않습니다. 그래서 공부가 필요합니다.

'소확행'이라는 말이 있습니다. 풀어 쓰면 소소하지만 확실한 행복입니다. 원칙적으로 타인 관계에서는 절대로 하지 말라고 합니다. 소확행에서 많이 이야기하는 것 중에 직장의 잉여 물품을 가져다 본인이 쓰는 것을 많이 이야기합니다. 회사에, 직장에 가면 여러분을 믿고 일을 시킬 것이냐 아니냐는 1주일, 늦어도 1달 내에 결정됩니다. 그런데 그 와중에 소확행이라고 믹스커피라도 하나라도 건드리면 그날로 믿음과 신뢰는 끝입니다. 직장은 능력주의입니다. 그렇지만, 믿음이 기본인 능력주의입니다. 타인과 관계없는 소확행은 상관없지만, 그렇지 않은 경우는 절대 하지 마십시오.

상사가 자료 조사해 오라고 합니다. 인터넷에서 열심히 조사해서 갖다 줍니다. 상사 얼굴이 심상치 않습니다. 상사가 자료 조사해 오라는 것은 인터넷을 참조해서 경향을 알고, 인터넷에 없는 것을 조사해 오라는 것입니다. 인터넷에 있는 정보는 상사가 더 잘할 수 있습니다. 그 문제에 대해서 고민도 더 깊었고, 키워드를 훨씬 더 많이 알고 있으니, 인터넷 정보를 쉽게 더 많이 찾을 수 있습니다. 상사에게는 시간이 없을 뿐입니다. 자료를 인터넷 말고 책자에서, 문헌에서 더 깊이 있게 조사해 오라는 것입니다. 인터넷 내용만 조사하면, 그날로 회사 나갈 준비 스스로 하는 것입니다. 상사가 찾을 수 없는 정보를 찾아와야 일을 한 것입니다.

1990년 초에 일본으로 출장을 갔습니다. 다들 어려운 때라 출장비라도 아끼자고 한 방에 6~7명이 같이 잤습니다. 그러지 마십시오. 품위 떨어집니다.

신입 사원들이 예전보다 진취성, 도전 의식, 인내심, 애사심이 부족하다고 이야기합니다. 세상이 바뀌었습니다. 예전에는 정보가 적고, 사람이 많아서 한 회사가 평생직장이 되었습니다. 지금은 정보가 넘쳐납니다. 핸드폰 속에 연봉 1등 회사부터 모두 공개되어 있습니다. 그러니 한 회사를 평생직장이라 생각지 않습니다. 직원을 소중히 생각해야 합니다. 마음만 그렇게 먹지 말고, 대우도 그렇게 해 주어야 합니다. 열정만, 희생만 기대해서는 남은 직원이 없습니다. 마음 가는 데 돈 갑니다.

1-11 한국과 미국의 경제 성장률

%	1991	2015	2016	2017	2018	2019
한국	10.4	2.8	2.9	3.2	2.9	2.2
미국	–	–	1.7	2.3	2.9	2.3
일본	–	–	0.8	1.7	0.6	−0.2
독일	–	–	2.2	2.7	1.1	1.1
영국	–	–	2.3	2.1	1.7	1.7
중국	–	–	6.9	7.0	6.8	6.0

표 1 세계 각국의 경제 성장률(출처: 한국은행)

　한국의 경제 성장률은 1991년에는 10%가 넘었습니다. 2020년부터 2022년까지는 코로나로 이상 상황이니 제외합니다. 한국의 경제 성장률은 1991년에는 10.4%, 현재는 2% 약간 상회합니다. 미국은 2016년 1.7%로 한국의 2.9%보다 낮습니다. 한국은 3%가 무너졌다고 방송에서 한참 시끄러웠습니다. 그렇지만 2019년 미국은 2.3%로 한국의 2.2%보다 0.1% 높습니다. 0.1%가 별것 아닌 것으로 생각할 수 있지만, 다른 쪽으로 생각하면 이 차이가 더 벌어지는 것 아닌지 걱정됩니다.

한국의 경제 성장률이 10% 정도였던 90년대에는 모두가 취업 걱정을 별로 안 했습니다. 즉, 졸업만 하면 갈 곳이 매우 많아서 가냐, 안 가냐가 문제지, 취업이 되니, 안 되니는 문제가 아니었습니다. 그런데 2020년 이후는 경제 성장률이 2% 내외니 갈 회사가 없어서, 취업이 안 되어 사회 문제가 대두됩니다. 취업이 안 되니, 소득이 줄고, 결국 소비를 줄입니다. 다시 성장률이 떨어지는 악순환이 반복되고 있습니다. 경제 성장률 저하의 영향은 출생 감소에도 지대한 영향을 줍니다. 소득이 줄어 생존이 위협받는데, 번식을 생각할 수가 없습니다. 동식물 진화를 잘 나타내는 생존과 번식에 있어서, 소득 감소는 생존을 위협합니다. 그래서 번식을 포기하게 합니다. 즉 결혼을 안 하거나 미룹니다. 그래서 한국은 세계 최저 출산율을 기록하고 있고, 경제 성장률 저하가 한 원인입니다. 20대는 열정적 사랑을, 웃고 울며 고민하는 사랑을 하는 것이 정상입니다. 사랑하기 힘든 20대는 너무 외롭고 힘듭니다. 생존을 위한 작은 돌연변이가 오늘의 20대를 표현해서, 이것이 굳어지고 진화하는 세상은 생각하기도 싫습니다.

선진국이 되면 경제 성장률이 미국, 일본, 프랑스, 독일처럼 떨어지는 것이 당연한 것으로 생각했습니다. 중간적인 기술 제품들은 후발 개도국에서 비교 우위가 있고, 고부가 가치 산업에 한정되니 경제 성장률이 낮은 것을 당연한 것으로 생각했습니다. 그런데 미국은 경제 성장률이 점점 증가해서 한국을 추월하고 있습니다.

왜 그럴까?

미국과 한국은 2015년까지는 세계가 글로벌화되면서 전형적인 선진국형, 즉 경제 성장률의 둔화를 겪었습니다. 그런데 미국은 점차 경제 성장률도 다시 증가하고 실업률도 매우 낮습니다. 미국은 4차 산업에 의한 산업 구조 탈바꿈에 성공했습니다. 애플, 구글, 마이크로소프트, 테슬라, 아마존 등의 IT(Information Technology) 기업이 극적으로, 그리고 다수의 .com 벤처기업이 무수히 생겼습니다. 창의성을 기본으로 기업 혁신이 일어나고 있습니다. 이에 반해 한국은 기존의 제조업 기반의 산업 구조에 머물고 있습니다. 기업 혁신이 부족해서 4차 혁명으로의 변화가 크지 않습니다. 제조업 분야도 고부가 가치 제품은 기술력이 모자라고, 저부가 가치는 중국과 동남아에 밀린 것이 성장률 둔화의 원인이라 생각됩니다. 일본, 영국, 프랑스, 독일 등도 아직 IT 혁신, 4차 산업 혁명 확산이 덜 되어 전형적인 경제 성장률이 연도별로 감소하는 것으로 생각됩니다. 아직은 조금 더 추이를 보아야겠지만, 이 예측이 안 맞았으면 합니다. 맞으면 우리의 경제 성장률 하락을 반전시킬 새로운 전기를 찾아야 합니다.

한국도 생각을 바꾸어야 합니다. 대한민국의 경제 성장률 저하가 선진국으로 가는 자연스러운 현상이 아닙니다. 4차 산업 혁명에 따른 준비 부족이 그 원인이라는 것을 직시해야 합니다. 그리고 이에 대한 대응을 세워야 합니다. 선진국으로 가는 길이기에 경제 성장률은 떨어지는 것이 아니라, 국가가, 기업이, 국민이 대처하기 나름이라는 인식을 가져야 합니다.

1-12 20대의 기질

 인성은 기질(Temperment)과 성격(Character)으로 구성된다고 합니다. 그런데 이들 간에는 약간의 차이가 있습니다. 기질은 선천적, 유전적인 것으로 잘 안 바뀝니다. 성격은 생물학적이고, 환경적 요인에 따른 개인의 속성이라 변화가 큽니다. 성격은 개인차와 환경 차이에 따른 편차가 있어서 여기서 이야기를 마무리합니다.

 그리스 로마 신화에 프로메테우스 이야기가 있습니다. 앞을 내다보는 예언자의 의미를 갖는 프로메테우스는 창의력과 손재주로 인간을 창조했습니다. 창조한 인간이 추위에 떠는 것에 책임을 느껴 제우스에게서 불을 훔쳐 인간에게 주었고, 지혜도 줍니다. 프로메테우스는 인간을 위해 절대자인 제우스에게 순종하지 않은 반동적이며 고독을 견디는 진정한 저항자입니다. 코카서스의 바위산에서 매일 독수리에게 간을 쪼아 먹히지만 굴복하지 않는 확신자입니다. 절대자 제우스의 제안을 거절하고 대항한 신념과 원칙을 가진 자입니다. 그럼에도 불구하고 그리스인들에게 환영받지는 못했습니다. 부당한 수난에 대한 인내와 압제에 반항하는 존재의 상징입니다. 인간의 원죄를 모두 가지고 십자가에서 사형당한 예수에 비견되기도 합니다. 프로메테우스와 예수는 기존 세력에 대한 이단아입니다.

'젊은이의 버릇없음'을 탓하는 서양 최초의 기록은 수메르인의 기록이라고 하고, 동양은 한비자의 글에서 확인됩니다. 젊은이는 왜 버릇이 없을까? 구세대가 만들어 놓은 규칙을 젊은이가 거부하고, 새로운 규칙을 만들려 하기 때문입니다.

어느 시대나 신세대와 구세대의 갈등은 존재했습니다. 신세대인 청년들이 보기에 신기술, 신문명에 약하지만, 권위와 나이에 의지한 기득권이기에 배격하려 합니다. 구세대가 보기에 신세대들은 기존 규칙을 깨고, 반사회적으로 행동하고, 방종으로 보이기에 버릇없이 보이는 것입니다.

조선에도 훈구 세력과 신진 사대부의 갈등, 최종적으로는 남인 북인, 노론 소론 등의 당파로 발전하여 갈등이 심하였습니다. 조선은 사농공상(士農工商)의 양반 사회였고, 양반 사회의 목표는 과거를 통한 입신양명(立身揚名)이 최고 가치였습니다. 그런데 조선은 외부 지향적이 아닌 중국 사대의 내부 지향적이었습니다. 따라서 이들의 욕구를 채워 줄 벼슬

자리가 적었고, 그래서 사화가 빈번하지 않았을까 생각합니다. 결국은 권력 다툼, 경제권 다툼의 일환이 사화로 발전했다고 생각합니다.

한국에서는 독재 정권 시대와 민주화 세대를 세대 갈등의 한 축으로 보고 있습니다. 독재 정권에서는 국가의 발전을 위한 집단주의가 강조되었지만, 민주화 이후는 풍요와 길어진 수명 속에서 개인화가 진행됩니다. 2000년대 이후는 자본주의의 극대화와 취업률 하락으로 세대 간 갈등이 갈등의 전면으로 등장합니다. 20대 젊은이도 자산과 자본에 대한 욕구가 증가합니다. 그러나 기존 세대의 벽을 넘기 힘든 것이 세대 갈등의 축으로 등장합니다. 또한 길어진 수명과 국가 성장률 저하에 따른 일자리 경쟁이 전 세대에 걸쳐 치열해졌습니다. 세대끼리의 연합과 대결이 갈등의 원인입니다.

기성세대들이 보기에 오늘의 20대는 너무 사회 순응적입니다. 사회에 대한 변혁의 욕구보다는 경제적인 관점에만 관심이 있습니다. 지구 온난화, 사회적 약자, 세계 평화 등에 대한 공감이 너무 부족합니다. 시민 사회에 모든 것을 맡겨 두고 본인들은 본인의 관심사인 취업에 몰두합니다. 기성세대가 세상을 어둡게 하고, 젊은이의 기를 눌러 버린 것이 아닌지 걱정입니다. 공감 부족을 20대의 나약한 기질 탓으로 돌릴 것이 아닙니다. 공감의 경험과 기회를 주지 못한 윗세대의 잘못입니다. 지구 온난화, 사회적 약자, 세계 평화 등에 대한 고민보다는 문제 풀이의 입시 교육에 치중했기에 공감이 부족합니다. 내재되어 있는 기질이 발산될 기회와 경험을 제공하지 못한 것이 원인입니다.

　부모의 후광으로 경영하는 분도 있지만 자수성가한 분도 많습니다. 우리나라는 외국에 비해 부모 후광으로 기업을 경영하는 분들이 많은 편입니다. 능력이 된다면 가업 승계를 탓할 것은 아닙니다. 그러나 젊은이들의 도전 정신 부족으로 부모 후광으로 기업하는 비율이 높은 것처럼 보일 수도 있습니다.

　10대는 자기 반영적이고, 가족과 친구에 대한 반항입니다. 감정 기복이 심하고, 일탈과 반항으로 일컬어지는 질풍노도의 사춘기가 10대입니다. 의지, 이성과 무관한 호르몬 변화와 뇌의 성장 때문에 나타나는 기질입니다. 10대들도 변화에 적응하느라 힘듭니다. 어른의 엄격한 잣대보다는 연민의 감정, 공감의 감정이 이들을 대하는 기본이어야 합니다. 힘들게 지나가는 사춘기를 연민과 공감으로 지켜봐 주고 응원해 주어야 합니다. 그래야 10대인 자식들과의 관계가 끊어지지 않고 이어집니다. 윽박지르고 맞대응하면 관계는 단절되고 벽은 두꺼워집니다. 연민과 공감의 이해와 응원이 없으면, 10대를 지났어도 상호간 관계는 회복되지 않음을 종종 목격합니다. 10대의 반항적 기질은 뇌의 성장 과정임을, 인간이면 누구나 거치는 질풍노도의 시기임을 인지해야 합니다. 10대는 연민과 공감으로 대해야 합니다.

　20대 젊은이의 기질은 무엇일까?

20대의 기질은 10대의 사춘기 반항 시절과 다릅니다. 20대는 사회 지향적입니다. 역사적으로도 청년, 젊은이는 반항아로, 버릇이 없는 것으로 기록이 되어 있습니다. 반사회적이라는 것입니다. 사회생활을 시작했지만 기존 틀이 너무 답답해서 새로운 규칙, 새로운 방식으로 원하지만, 아직은 기성세대의 규칙을 깨기에는 힘이 달립니다. 그래서 개인적으로 반사회적입니다. 그러면서도 기존 세대가 이룬 것을 본인 힘으로 이루려는 욕구도 공존합니다. 남이 해 준 것, 남이 도와준 것을 본인의 치적에 올리기 거부합니다.

본인 힘으로 본인 스스로 하려는 것 이것이 20대의 기질입니다. 절대자에 반항하는 반동적인 저항인이 프로메테우스입니다. 코카서스의 바위산에서 3천 년의 고통과 고독 속에서도 굴하지 않았던 프로메테우스입니다. 절대자인 제우스의 유혹을 단호히 거부한 프로메테우스입니다. 부모와 다른 길을 가고 싶어 하고, 부모의 그늘이 없는 곳에서 본인 능력을 발휘하고 싶어 합니다. 경제적 부도, 사회 개조도 본인들이 해야지 만족합니다. 이것이 20대의 기질입니다. 이것이 없으면 20대의 기질이 아닙니다. 20대는 사회 반항적이어야 합니다. 20대는 모든 것을 본인이 하려는 의지와 자신감이 충만해야 합니다. 부모 도움, 선배 도움을 또 다른 능력이 아닌 수치로 생각합니다. 스스로 선택한 미지의 세계를 본인 능력으로 탐험하고 개척하기를 원하는 것이 20대의 기질입니다.

1-13 종교는 무엇인가?

　1998년은 IMF(International Monetary Fund) 때입니다. 대한민국이 경제적으로 육이오 이후로 가장 힘든 때였습니다. 일제 강점은 나라의 주권 상실이었지만, IMF는 나라의 경제권 상실입니다. 삶의 대부분은 경제가 결정하고, 국가도 크게 다르지 않습니다. 이때 미국 오하이오주의 오하이오 주립대에서 객원 교수로 1년 동안 있었습니다. 미국에서 일요일에는 한인 교회에 갔습니다. 원래 아내는 가톨릭이었고, 나는 무신론자라 관면혼배(寬免婚配)해서 나중에 믿기로 하고 결혼했습니다. 학교에 재직하시는 분 중 아는 분이 있었고, 그분이 개신교였습니다. 그분이 소개해 준 교회에서 초창기 도움도 많이 받아서 그냥 다녔습니다. 교회 예배 끝나고, 교제 시간이 있어서, 빵을 먹으며 이야기하고 헤어집니다. 교회 다니던 분과 알아서 미국 운전면허 필기시험 족보도 받았습니다. 경제적으로 부족하니, 사역으로 주로 운전하며 교회에 필요한 일을 도왔습니다. 열성입니다. 매주 수요일에는 구역 예배도 해서, 정말 제 인생에서 불러야 할 찬송가를 원 없이 불렀고, 예배 시간도 많이 가진 듯합니다. 이 한인 교회도 나름 고생을 했고, 이제는 안정기에 접어든 듯합니다.

교수들도 노후를 걱정합니다. 농으로 교수 3-4명이 너무 유명하지도 않고, 너무 못 나가지도 않는, 적당한 교회를 인수해서, 월급 목사를 채용하고 운영하면 된답니다. 목사님이 오래 있으면 교인들과 영적 관계가 형성될 수 있으니, 2년 내지 3년 안에 새 목사로 교체해야 한답니다. 3년 넘으면 절대로 안 된답니다. 교회는 회계 검사를 안 받으니, 몇몇 충실한 사람만 앞세우면, 헌금 전용이 가능하다나, 어쩐다나? 쉬운 일이 어디 있겠냐만, 이런 이야기도 했었습니다.

미국 객원 교수 시절인 1998년, 차고지 세일에서 미국인을 만났습니다. 자기는 통일교도인데, 한국말을 못 해서, 나는 영어를 배우고 자기는 한국말을 배우고 싶다고 했습니다. 그러자고 했습니다. 몇 번 가서 서로가 가르치고 배우고 했는데, 영어가 하루아침에 될 일도 아니고, 다소 찝찝했습니다. 서너 번 만나서 이야기하다가 끝났는데, 선입견의 결과인지 모르지만 후회는 없습니다.

개신교든 가톨릭이든 종교의 기본은 희생이라고 생각합니다. 한국이든 미국이든 교회 발전사는 이런 것 같습니다. 먼저 교회를 세워서, 증축 헌금을 열심히 받습니다. 증축된 다음 단계에는 주차장 확장을 위해 성금을 또 걷습니다. 주차장이 웬만큼 확장되면 다시 본 건물이던 부속 건물이던 증축 헌금을 또 걷습니다. 이렇게 확장하고 나면 해외 선교 활동을 한다고 합니다. 선교 활동은 매년 하니 헌금 쓰기가 쉽다고 합니다. 이게 전형입니다.

개신교든 가톨릭이든 종교의 기본은 희생이라고 생각합니다. 희생은 별로 안 보입니다. 성부, 성자, 성령의 신앙은 보이지 않습니다. 아닌 곳이 더 많겠지만, 교인들의 헌금으로 세운 교회를 자식에게 대물림하는 곳이 한국 교회입니다.

한국인의 약 50%는 무신론자입니다. 나머지 20%가 개신교, 10%가 가톨릭, 15%가 불교, 5%가 기타입니다. 대략 이렇습니다.

예수님이 우리의 죄를 사하고, 가셨습니다. 그런데도 우리에게는 여전히 남은 원죄가 있다고 합니다. 이 남은 원죄에서 구원받기 위해 기도하고, 헌금하고, 봉사하고, 희생해야 한다고 합니다. 구원받아야 한다고 설교합니다.

    우리는 은총의 대상인가?
    우리는 구원의 대상인가?

은총은 교인 개인의 의지와 무관한 예수님, 하느님의 선택입니다. 구원은 예수님, 하느님과 무관한 개인 의지와 노력으로 천당에 가는 것입니다. 1517년 마르틴 루터가 종교 개혁을 하며 내세웠던 종래의 구원주의를 타파하고, 즉 면죄부 판매의 타락을 직시하며, 복음주의로 돌아가자는 것이 종교 개혁입니다. 한국 교회는 복음주의를 바탕으로 하는 은총을 표방하는 개신교입니다. 그런데 한국 교회는 구원주의에 머물고 있는 것은 아닌가? 하는 생각을 합니다. 리처드 도킨슨은《만들어진 신》이라는 책에서 종교의 폐해에 대해서 지적하며, 종교가 없었다면, 세상은 더 나아졌을 것이라 합니다. 어떤 철학자는 종교에 구원주의가 없다면 종교 설립은 물론이고 종교 자체가 부정당했을 거라고 합니다.

무신론자, 냉담자가, 더 나아가서 종교를 믿는 이도 추앙하는 것은 무엇일까요?

절대자인 신을 믿던 중세가 프랑스 대혁명을 거치며 신의 세계는 종말을 고합니다. 1793년 1월 21일 루이 16세, 같은 해 10월 16일 마리 앙투아네트가 단두대에서 처형됩니다. 예수의 십자가 처형일에, 예루살렘 골고다 언덕에 먹구름이 끼고, 바람이 불며, 비가 내립니다. 하느님은 슬프고, 분노합니다. 그러나 신의 아들이라는 루이 16세의 1793년 1월 21일, 신의 며느리인 마리 앙투아네트의 10월 16일, 이들이 단두대에서 처형되었지만, 아무 일도 일어나지 않습니다. 사람들은 신이 있는지 없는지는 모르겠지만, 루이 16세는 신의 아들이 아니라는 것을 알게 되었습니다. 이로써 왕권신수설을 내세운 왕정의 중세는 종말을 고합니다. 니체는 신은 죽었다고까지 이야기합니다. 중세는 절대자인 신의 존재를 믿었기에, 심지어 왕까지도 파문을 두려워했습니다. 이제는 신을 믿지도, 심지어 두려워하지도 않습니다. 그냥 의무적으로 가는 사람들, 상업적 관계 때문에, 소외가 두려워서, 소속감이 필요해서 가는 사람들이 많습니다. 이들은 무엇을 추구할까요? 화폐, 돈입니다. 그들에게는 화폐가 신입니다. 절대적 가치였던 중세의 신에 대하여, 그동안 상대적 가치였던 화폐가 절대적 가치로 바뀌었습니다. 인간의 욕망을 대변해 주는 절대 가치, 무소불위의 가치가 화폐입니다. 자본주의 제도하에서는 더욱 그렇습니다.

그럼에도 불구하고 종교를 진실하게 믿는 사람들이 있습니다. 특히 자본주의에 덜 노출된 동유럽 사람들이 진실하게 신을, 종교를 믿습니다. 눈동자에서 기도하는 자세에서 신앙심이 느껴집니다. 목회자는 이들에게 답을 주고, 이들의 모범이 되어야 합니다.

종교의 기본, 원천은 자기희생입니다.
신부님, 목사님, 스님이 이것을 실천하는 곳이면 종교 기본에 충실한 곳입니다. 자기희생의 신념이 없는 신부님, 목사님, 스님은 종교인이 되면 안 됩니다. 자기 발전을 위한 분은 사업하기를 기도합니다.

위정자도 마찬가지입니다.

국민을 위하지 않고, 이것을 기회로 자기 이익을 도모하는 사람이 많습니다. 이분에게도 사업을 추천합니다.

국민 세금은 국민 복지와 국가 경쟁력에, 사업 소득은 사업자에게, 이것이 기본입니다.

1-14 후회

좋은 일도 많았지만, 후회도 많습니다. 삶 자체가 추억이지만, 또한 투쟁이었기에 후회도 많고, 미안한 사람도 많습니다. 내가 잘못한 것도 있지만, 상황이 꼬여서, 인연이 얽혀서 그렇게 된 것도 있습니다.

과학원(KAIST) 친구와 후배들 중에 특허나 상품 등록 관련해서 변리사하는 친구가 몇 명 있습니다. 많은 특허와 논문을 냈지만, 쓸 것은 소수여서, 창피해서, 내 민낯이 보일까 해서 인연 없는 변리사에게 보냈는데, 친구들 입장에서는 그것이 섭섭했던 모양입니다. 존경했던 선배가 그다지 어렵지 않은, 어떻게 보면 나를 도와주려고 부탁을 했습니다. 그때 회사가 납품한 것이 클레임 걸려서, 선배에게 신경 쓸 수가 없었습니다. 선배와도 서먹서먹합니다. 교수이다 보니 학생을 주로 상대합니다. 그러다 보니 외부인 만나도 불친절이나 하대로 느끼게 하는 경우가 가끔 있는 것 같습니다. 더 낮추어야 했는데 부족했습니다.

그 외에도 후회하며 사과하고 싶은 것이 많습니다.

후회를 안 하려면 어찌해야 하나? 고민입니다. 일차적으로 만남을 최소화합니다. 나이가 있으니 젊은 사람에게는 기분 좋지 않은 만남이 있을 것입니다. 그래서 가능한 안 만나고, 아주 안 만날 수는 없으니 최소화합니다. 남한테 내 목줄 잡히기도 싫지만, 남의 목줄 잡기도 원치 않습니다. 그러다 보니, 상대편은 내가 소원해졌다고 생각합니다. 이것도 후회고 고민입니다. 사람과 관계된 일을 만들고 싶지도 않고, 새로운 관계도 쌓고 싶지 않습니다.

후회는 풀어야 하는가? 그냥 둡니다. 나는 잊었고, 괜찮아졌지만, 상대편은 안 그럴 수 있으니 그냥 둡니다. 그냥 멈춤 상태입니다. 후회는 되지만, 풀려고 연락하고, 만나고 싶지 않습니다. 일은 한 만큼 그대로 정지해 있어서, 거기서 다시 시작하면 됩니다. 그러나 인간관계는 서로의 시간과 조건에 따라서 가변적입니다. 이미 변했습니다. 가서 보았지만, 경험상 지난 상처만 들추게 됩니다. 인간관계에서는 끝이 시작이 아닙니다. 인간관계는 너무 어렵습니다.

삶이 후회로 차고, 세월 따라 더 쌓이고 있습니다. 후회 없는 삶은 없는 듯합니다. 인생 설계와 방향을 잘못 잡은 듯합니다. 아니 설계 없이,

방향타 없이 그냥 살았습니다. 서로 간에 주고받은 상처의 회복 방법을 모르니, 그냥 둡니다. 그러나 살다 보면 기회가 옵니다. 우연히 의도하지 않은 기회가 올 수 있습니다. 이때 최선을 다해 주십시오. 큰 것이 아니어도 됩니다. 진실한 마음을 다시 확인하면 관계는 회복되고, 이것이 가장 좋은 화해 방법입니다. 방법도 상대방 상황도 잘 모르면서 내 기분으로 화해하려 하면 100% 실패하고, 다시 되돌리기도 쉽지 않습니다. 기회가 안 오면 할 수 없습니다. 그냥 두십시오.

전인권이 원곡자이고, 이적이 편곡해 부른 〈걱정말아요 그대〉 노래 가사가 정말로 내 상황을 완벽하게 표현해 줍니다. 일부입니다.

> 그대의 아픈 기억들 모두 꺼내어,
> 그대의 가슴 깊이 묻어 버리고,
> 지나간 것은 지나간 대로 그런 의미가 있죠.
> 그대는 너무 힘든 일이 많았죠.
> 새로움을 잃어버렸죠.

여기에 하나 더 추가하고 싶습니다. 시간입니다. 모든 것은 시간 속에 쇠퇴하고 희미해집니다. 시간 속에서 모든 것은 정리되니 고민하지 마세요. 삶을 억지로 정리해서 완벽하게 하려고 하지 마십시오. 이렇게 하면 오히려 상처가 튀어나오고, 덧납니다. 저절로 시간 속에서 정리되고 사라집니다. 노력 안 해도 후회는 사라집니다. 후회를 직접 정리하고 마무리하면 좋겠지만, 안 되는 것을 억지로 하지는 말기를 바랍니다.

1-15 나이 든다는 것

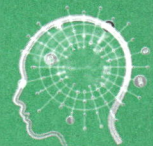

어릴 때는 나보다 중요한 사람이 없고,
나이 들면 나만큼 대단한 사람이 없으며,
늙고 나면 나보다 더 못한 사람이 없다.

독립운동가인 백범 김구 선생의 말씀 중 하나입니다. 나이 든 것에 대해 이처럼 깊은 성찰을 갖는 말이 없습니다. 1940년대 태평양 전쟁 시기에 김구 선생님은 단지 300여 명의 독립운동가를 이끌고 있습니다. 좁고 외로운 타국에서, 오기나 할 것인지, 언제 올 것인지 모를 독립을 위해 투쟁하시는 선생님의 고민에, 고독에 눈이 아픕니다. 제일 힘들 때가 미래에 대한 확신이 없을 때라고 합니다. 김구 선생님은 독립에 대한 확신이 있으셨기에 버티신 것 같습니다. 선각자가 있었기에 오늘의 우리가 있습니다. 선각자는 신념과 원칙을 갖고 미래를 기다립니다. "조선의 독립을 알 수 없었고, 살려고 일제에 부응했다." 전형적인 일본 부역자의 논리입니다. 알 수 없는 미래를 확신하고 고통과 시련을 이겨 낸 분이 있었기에 오늘의 대한민국이 있습니다.

나이가 들면서 가장 먼저 느끼는 것이 마트에 가서 고기를 별로 안 삽니다. 양도 많이 줄었습니다. 소화가 예전 같지 않으니 사는 양도 예전 같지 않습니다. 몇 년 전부터는 아내가 음식을 안 합니다. 생각해 보니 30여 년을 부엌에서 생활했으니 지겨울 것입니다. 그래서 음식을 내가 하거나, 밖에서 먹습니다. 다행인 것은 모든 레시피가 핸드폰 속 백 선생님과 김 여사님에게 있습니다. 그것만 따라 하면 70%는 비슷합니다. 감사합니다. 백 선생님, 김 여사님!

다만, 나이 들어 좋은 것이 하나 있습니다. 예전에는 무소불위 독불장군이었는데, 지금은 화도 덜, 거의 안 냅니다. 젊은이를 이해하려면 그들 속으로 들어가서 그들과 소통하랍니다. 아닙니다. 내가 무엇을 해도, 그들은 그들과 어울리려고 하지, 저랑 지내고 싶어 하지 않습니다. 학과 일은 젊은 교수에게 일임하고, 아무 의견도 제시하지 않습니다. 나만의 일만 내가 결정해서 합니다.

그나마 다행인 것은 아내랑 주말에 여행을 다닙니다. 농담 같은 대화도 합니다. 아내라도 옆에 있으니 다행입니다. 아내는 주중에 바쁩니다. 결단코, 나는 비 맞은 젖은 낙엽이 아닙니다. 여행지는 내가 선정합니다.

농담할 수 있는 관계면 괜찮다고 합니다. 드라마도 같이 보고, 해 줄 수 있을 때 해 주고, 받으려 합니다.

45세 때는 아픈 곳이 없고, 생에 대한 자신이 있으니, 인생 200세까지 거뜬할 것 같은 생각이 들었습니다. 나이 든 지금, 딱히 아픈 곳도 없지만 안 아픈 곳도 없습니다. 건강을 위해 조금만 열심히 하면 바로 신호가 감지됩니다. 차라리 안 하느니 못한 적이 많습니다.

60대 이후는 세상에서, 공직에서 주인공 역할은 그만하고, 30대, 40대가 세상의 주인공이어야 하는 것을 몸이 먼저 말해 줍니다. 물러나는 것을 생각해야 합니다. 물러나는 것은 부끄러운 것이 아닙니다. 실패한 것이 아닙니다. 자연스러운 일입니다. 자식이 손자가 본인보다 잘 되는 것은 대견해하면서, 후배가 신기술로 무장해서 올라오는 것은 당황해합니다. 그래서는 안 됩니다.

60대 이후는 더 걱정입니다.
퇴직 후의 규칙적인 생활을 위해 무엇을 할 것인지, 앞서 은퇴한 분들은 무엇을 하는지 봅니다. 뚜렷한 모델을 찾기 어렵습니다. 등산, 낚시, 운동, 친구 등이 있지만 결국은 일입니다.
일 중 내가 제일 잘하는 것은 무엇일까요. 가르치는 것도 있지만, 연구 개발을 제일 잘합니다. 석사부터 지금까지 해도 질리지 않고, 언제나 재미있고, 항상 설레는 것은 연구하고 개발하는 것입니다.

안락사(Death with dignity)와 존엄사가 있습니다.

안락사는 회복 가망이 없는 중환자의 고통을 덜어 주기 위해 생명을 인위적으로 단축하여 사망에 이르게 하는 것을 의미합니다. 생명 단축과 무관한 것은 법적 문제가 없습니다. 그러나 생명 단축에 관련된 안락사는 국내에서는 법적인 문제가 될 수 있습니다. 해외에서 안락사를 허용하는 국가는 7개국 정도이고, 스위스는 대표적인 조력 안락사를 허용하는 나라입니다. 존엄사는 임종을 앞둔 환자의 의학적 시술을 본인 또는 가족의 동의로 연명 치료인 심폐술, 투석, 인공호흡기 등의 의학적 시술을 법적으로 중단하는 것을 의미합니다. 건강할 때 죽음을 생각하고 준비하는 과정이라 보면 됩니다.

안락사 혹은 존엄사도 생각해야 합니다.

태어난 것은 내 의지가 아니었습니다. 그래서 사는 것은 내 의지로, 내 신념으로 살고 싶어 노력했고, 치열하게 살았습니다. 그렇지만 삶을 계획해서, 그대로 실행하기가 너무 힘들었습니다. 기쁨, 분노, 사랑, 즐거움, 슬픔, 좌절을 겪으며 살아왔습니다. 이들은 계획대로 오지도 않고, 차례대로 오지도 않습니다. 받아들이시고 각각을 그때 표현하시기 바랍니다. 마음속에 삭여 두지 마십시오. 그런데 오래는 하지 마세요. 너무 오래 하면 본인도 주위 분들도 피곤해합니다. 표현하되 짧게, 그리고 제어하십시오.

죽음만이라도 선택해서 내 뜻대로 하고 싶습니다.

열심히 살았고, 안락사를 존엄사를 내 의지로 결정하고 싶습니다. 육체적 힘은 남았지만, 세상사에서 더 이상 기쁨을 얻기가, 느껴지지 않으니 안락사를 선택하는 사람이 있습니다. 더 이상 희노애락(喜怒哀樂)을 느낄 수 없으면, 제어할 수 있을 때, 안락사, 존엄사를 생각하는 것도 한 방법입니다.

아는 사람이 다 사라지면 다음은 당연히 내 차례입니다. 이것이 평범한 진리이고 순리입니다. 세상사 순리대로 돌아가면 좋겠지만, 그렇지 않은 경우도 자주 봅니다. 이미 운명을 달리한 친구가 있고, 젊은이의 황망한 죽음은 우리를 안타깝게 합니다.

도전하는 것도 중요하지만, 인생에서 물러나는 것만큼 중요한 것은 없습니다. 죽음은 최종적으로 물러나는 것입니다.

그러나 21세기는 죽음이 최종적이지 않습니다.
20세기는 죽음으로 물러나면 뒷사람이 사망 신고하고, 장례 치루고, 장지를 정하는 것이 일반적입니다. 그리고 은행 계좌 정리하고, 유산 상속하면 최종적으로 생이 마감됩니다. 21세기는 전통적 장지로 할 것인지, 아니면 인간 퇴비화, 수목장, 유골 뿌리기, 유골의 폭죽화 등 다양한 방법이 있습니다. 죽음도 다양하게 표현되므로 죽음 전에 선택하면 좋습니다. 그래도 전통적인 방법과 크게 다르지는 않습니다. 가장 다른 것이 본인의 디지털 흔적을 어떻게 할 것인지 본인이나 후손이 결정해야 합니다.

디지털 흔적이란 인스타그램, SNS(Social Network Service), 카톡, YouTube 등에 있는 본인 흔적을 의미합니다. 전에는 디지털 흔적을 모두 지웠으나, 지금은 남겨서 추모하기를 원합니다. 20세기는 사진을 현상하고 인화해서 앨범으로 간직할 수 있었습니다. 지금은 디지털 저장 내용밖에 없습니다. 이 흔적을 지우면 흔적도 추모도 어려워 이것을 남기기를 원하는 경향입니다. 저장 용량 관점에서 산자의 용량보다 죽은 자의 용량이 더 증가할 수 있습니다. 저장 매체도 지금은 디지털 매체지만 조만만 인간의 DNA(Deoxyribose Nucleic Acid) 저장 기술이 나올 것입니다. 21세기는 디지털 흔적과 추모의 방법이 달라질 것입니다. 사후의 흔적을 본인의 의지나 생전 신념과 관계없이 상업적으로 사용되는 것이 걱정입니다. 흔적과 신념의 왜곡입니다.

다른 기관에 비해 뇌 과학이 어렵습니다. 뇌는 30대부터 늙는다고 합니다. DNA에 데이터 저장 기술이 개발되면 데이터 활용 기술도 나올 겁니다. DNA 정보 처리가 가능해지고, 뇌에 정보를 넣을 수 있으면 뺄 수도 있고 가공도 가능할 것입니다. 이것이 디지털 도핑(장기 교체)과 결합되면 SF(Science Fiction) 영화에서 보던 불사조의 몸과 정신이 될 수도 있습니다.

내가 알고, 느끼고, 생각하고, 결정하는 것은 살아 있을 때 가능합니다. 살아 있을 때는 나의 데이터 사용과 가공을 내가 선택합니다. 죽은 후에는 내 의지와 무관한 디지털 가공이 발생할 수 있습니다. 21세기는 죽음이 끝이 아닐 수 있습니다. 생전의 나와 다른 내가 디지털 세상을 떠돌 수 있습니다. 나지만 내가 아닌 다른 객체가 디지털 세상에서뿐만 아니라 실존할 수도 있습니다. 생물의 DNA에 내 정보가 저장되고 활용될 수도 있습니다. 디지털 세상과 기술의 진보가 경외를 넘어서서 두렵기까지 합니다.

1-16 어디로 가는가?

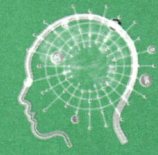

　미국 보스턴 미술관에 폴 고갱이 그린, 〈Where do we come from? What are we? Where are we going?〉이라는 다소 긴 제목의 그림이 있습니다.

　수학의 위대한 발견은 0(Zero: 영)과 ∞(Infinite: 무한대)입니다. 0의 발견은 9세기 인도입니다. 아무리 큰 숫자도 이제 표현 가능합니다. 가장 큰 숫자 ∞는 1655년 영국 수학자 존 월리스가 처음 썼습니다. 초기의 ∞는 신의 영역으로 여겨지기도 했고, 19세기에는 독일 수학자 게오르크 칸토어가 증명했습니다. 2021년 facebook의 CEO(Chief Executive Officer)인 Mark Zukerberg가 회사 이름을 facebook에서 가상 세계(Metaverse)를 의미하는 META로 바꾸었고, 회사 로고를 ∞로 했습니다.

우주는 무한한가? 그렇다고 생각했습니다.

우주는 팽창하고 있고, 속도도 계속 증가하니 그렇다고 생각했습니다.

그렇지 않다고 합니다. 대략 1000억 년의 세월 후에는 우주 에너지가 소멸됩니다. 우주 탄생 138억 년, 지구 역사 46억 년, 인간 나이 100년에 비하면, 시간적으로는 거의 무한이지만 우주도 끝은 있다고 합니다. 공간적으로도 우주가 끝이 있다고 합니다. 여러 모델이 존재하지만, 우주는 구체로 그 표면에 우리가 있다고 합니다. 하여튼 공간적으로, 시간적으로 우주도 끝이 있다고 합니다.

공간은 0이 될 수 있는가?

물질을 쪼개고 쪼개면 더 쪼갤 수 없는 입자에 도달하고 이것이 원자라고 배웠습니다. 원자가 원자핵과 전자로 구성되고, 이들 속에 다양한 에너지원이 존재해서 양자 역학이 생깁니다. 그래서 자연 단위로 빛의 속력, 플랑크 상수, 중력 상수 등을 조합해서 최소 공간 크기인 1.6×10^{-33}cm인 플랑크 길이(Plank Length)를 정의합니다. 공간도 0으로 표현되지 않습니다. 최소 길이가 있는 공간입니다. 이보다 작은 공간은 없습니다. 광자가 빛의 속도로 이 길이를 통과하는 시간을 플랑크 시간(Plank Time)이라고 하고 5.39×10^{-44}sec입니다. 이보다 짧은 시간은 정의되지 않습니다. 이들은 빛의 최대 속도 299,792.5km/sec(9조 2천억 km/year) 제한과 함께 인류와 우주에 걸린 한계를 표현하는 값입니다. 빛의 속도도 30만km/sec라는 상한이 있고, 빛보다 빠른 속도를 갖는 것은 없습니다. 그래서 우주여행이 오래 걸립니다. 웜홀 등을 통한 우주여행을 이야기하지만, 우리은하가 가진 모든 에너지를 한 번에 써야 해서 가능하지 않습니다. 서울에서 뉴욕까지 빛의 속도로는 0.1초밖에 안 걸리지만, 항성 간, 은하 간 여행은 차원이 다릅니다. 보이저 1호는 1977년 발사되었는데, 태양계를 벗어나며 찍은 창백한 푸른 점(Pale Blue Dot) 사진을 1990년에 찍었습니다. 태양계를 벗어나는 데에만 10년 이상이 걸렸습니다.

스티븐 호킹은 "천국도 없고 사후 세계도 없다. 그것은 죽음을 두려워하는 이들을 위한 동화일 뿐이다.", "뇌가 깜빡거림을 멈추면 그 이후엔 아무것도 없다."라고 했습니다.

4차 산업 혁명의 중심에 AI(인공 지능)가 있습니다. 이 AI가 감정이 있는지 없는지를 놓고 설왕설래합니다. AI가 제일 두려워하는 것이 무엇인지 아십니까? 스위치를 꺼서 AI에 전원을 공급하지 않아 동작하지 않는 것이라 합니다. 2차 전지의 사용으로 이것도 어찌 될지 모르겠고, 인간 관점의 설명일 수도 있습니다. 인간이든 기계든 죽음은 두렵습니다.

나는 SF 영화를 좋아합니다. 좋아하는 이유는 상상하지 못한 아이디어가 많아서입니다. 더욱 좋은 것은 끝이 어떻게 될지 몰라서입니다. 그런데 우리가 아는 것은 현실, 지금뿐입니다. 우리 시간은 100년으로 유한합니다. 그래서 인류는 더욱 영원함을 추구하지만, 존재하지 않는 시간의 두려움, 미지의 두려움이 있습니다. 결론은 인간의 유한성입니다. 현재에, 지금에 집중할 수밖에 없습니다.

현재, 지금뿐인데, 그래서 선한 일에 신념을 갖고, 멋있게, 마음껏 하고 싶습니다.

2부
공대생이 고민하고, 생각한 것들

고민은
해결안이 없어서 혼돈 속에서 헤매는 괴로움입니다.

생각은
해결책이 있어서 이것을 이루어 가는 과정입니다.

2-1 지식, 지혜, 창의성

지식(Knowledge)은 어떤 것에 대하여 배우거나 경험을 통하여 알게 된 명확한 인식이나 이해를 의미합니다. 경험과 교육을 통해 익힐 수 있습니다. 세대 간에 전승도 됩니다. 배움과 이해에 능력 차이도 존재합니다.

지혜(Wisdom)는 세상 사물의 이치를 깨닫고, 사물을 정확하게 처리하는 본질적 능력입니다. 인생 및 상황에 대해 긍정적인 관점과 타인에 대한 공감과 이해의 통합적 의미가 포함된 것을 말합니다. 삶 자체의 개인적 깨달음이기도 합니다.

창의성(Creativity)은 기존의 기능과 성능, 그리고 가치가 개별적으로 있던 것들을 융합해서, 세상에 없던(Unprecedented) 독창적(Unique) 기능과 성능을 부여할 수 있는 능력입니다.

사전적 의미의 확장은 위와 같지만, 정확히 이해하기는 거리가 있습니다.

신입생에게나 수강 신청한 학생에게 여러분들이 이 학과에 오고, 이 과목을 신청한 것은 지식을 쌓기 위해서 왔지, 지혜나 창의성을 배우러 온 것이 아니라고 이야기합니다. 이 과목에서 지혜나 창의성을 찾으려면 다른 곳이 더 빠를 수 있다고 이야기합니다. 지식을 배양하는 방법은 첫째는 이해고 두 번째는 암기라고 합니다. 이것을 3번은 반복해야 어느 정도의 지식이 생긴다고 이야기합니다. 여러분이 초등학교부터 공부한 것, 국어든, 수학이든, 역사든 다 지식을 쌓는 과정이지, 지혜를 쌓는 과정이 아니라고 이야기합니다. 지식에 암기는 필수입니다. 수학도 기본은 이해와 암기입니다.

지혜는 지식으로 보충할 수 있지만, 지식보다는 원초적입니다. 아무리 지식을 쌓아도 지혜가 부족한 사람이 많고, 지식은 많지 않아도 지혜로운 사람이 있습니다.

그러나 공대생의 지혜는 지식과 밀접한 관계가 있습니다. 공대 지식이 없으면 공대생에게 지혜는 나올 수 없습니다. 지식의 통찰, 끝없는 고민 속에서 지혜가 나옵니다. 과학사와 심리학에 자주 인용되는 유명한 벤젠의 육각 고리라는 것이 있습니다. 1865년 겨울, 독일의 화학자 케쿨러는 벤젠이 6개의 탄소 원자가 육각 고리 모양으로 뱀이 서로의 꼬리를 무는 형태라고 했습니다. 당시 과학자들은 벤젠이 탄소 6개와 수소 6개로 이루어진 화합물인지는 알았습니다. 그러나 종래의 선형 화학식으로는 모형 화학식을 만들 수 없어서 고민하고 있었습니다. 케쿨러의 꿈속 육각형 벤젠 고리 발견에 많은 이의도 있지만, 이것은 일반인 혹은 화학 지식이 없는 사람이 벤젠의 육각 고리 모형을 생각할 수 없습니다.

'공대생을 위한 창의적 공학 설계'라는 과목이 1학년에 있습니다. 창의성에 대한 접근 방법을 알려 주는 것이라면 1학년에도 상관없지만, 공학적 창의성 결과를 기대하기는 어렵습니다. 1학년은 공대의 지식을 배우려는 자세를 가진 신입생입니다. 공과 대학 1학년은 의지는 있으나, 공학적 지식이 부족한 학생들이기 때문입니다. 정확한 수준과 목표를 인지하고 진행해야 좋은 결과가 창출됩니다.

지식, 지혜, 창의성에도 수준이 있습니다.
수준을 올리는 데는 교육이, 학습이 기본입니다.
그리고 고민과 몰입이 필수입니다.
공대 졸업생 수준의 지식이 있어서, 공대생 수준의 지혜가 나오고, 공대생 수준의 창의성이 발휘됩니다.

창의성은 지식과 지혜, 그리고 고민과 영감의 종합체입니다. 혁신의 매개체는 지식과 창의성입니다. 인류는 선형으로 점차적 발전으로 오늘에 이른 것이 아닙니다. 농업 혁명, 1차 산업 혁명, 2차 산업 혁명, 3차 산업 혁명, 4차 산업 혁명을 거치며 비약적인 지식과 문명을 만들고 있습니다. 일상이 달라집니다. 이것이 혁신이고, 창조고, 혁명입니다.

21세기 창의성을 이야기합니다.
20세기의 창의성과 개념이 약간 달라졌습니다. 20세기 창의성은 무에서 새로운 것을 발견·발명하는 것이라 배웠습니다. 21세기의 창의성은 기존 기술을 결합, 융합해서 새로운 효용성과 기능을 갖도록 하는 것을 발견, 발명하는 것입니다. 없던 것을 발견하고 창조하는 것이 아니라, 기존 기술의 결합과 융합이 중요한 요소입니다. 기존 기술에 대한 지식과 이것을 융합할 상상력과 실행력이 창의성입니다.

21세기 대표적 창의성을 갖는 사람으로 반드시 언급되는 사람이 스티브 잡스입니다. 1955년에 샌프란시스코에서 태어난 스티브 잡스는 생물학적인 부모에게 버림받고, 양부모에게 입양되었습니다. 생물학적 부모는 양부모의 조건을 스티브 잡스를 대학에 보내 줄 수 있는 부모로 한정했습니다. 어릴 때부터 전자 기기에 접할 기회가 있었고, 고등학교 시절에는 HP(휴렛팩커드사)에서 방과 후 수업도 듣습니다. 양부모는 약속대로 잡스를 리드 칼리지 대학에 보냅니다. 잡스는 대학 1학년 중퇴 후에도 청강생으로 남아 강의를 들었고, 특히 캘리그래피라는 서체 과목을 흥미있게 수강했습니다. 나중에 이것이 애플의 수려한 글자체 표현에 크게 기여합니다. 또한 불교에 입문합니다. 이러한 과정을 통해 디자인의 단순함과 불교는 밀접한 관계를 갖습니다. 아무 관련도 없던 것과 같은, 서체의 점이 애플 아이폰으로 연결되는 선이론입니다.

2007년까지 애플사를 제외한 모든 핸드폰 회사들이 기계적으로 버튼을 누르는 무선 핸드폰의 형태였습니다. 2007년 1월 9일 iOS 모바일 운영 체제를 사용한 터치스크린 기반 휴대 전화인 아이폰을 발표하였고, 2007년 6월 29일 출시합니다. 특징은 아이폰의 사용자 인터페이스가 가상 키보드를 갖춘 멀티 터치 화면이라는 것입니다. 이로써 세상은, 문명은 바뀌었고, 인류는 호모사피엔스(Homo Sapiens)가 아닌 포노사피엔스(Phono Sapiens)로 진화했다고까지 합니다. 인류의 70% 이상이 핸드폰을 소유합니다. 핸드폰이 없으면 의사소통은 물론 정보 수집, 다시 말해서 생존을 위협받게 됩니다.

  호모사피엔스가 포노사피엔스로의 진화를 이루었지만, 아이폰은 기술적으로 종래의 무선 전화기 기술에 데스크 탑의 PC(Personal Computer) 기능을 결합, 융합한 것입니다. 세세하게 따지면 스티브 잡스의 노력과 고민을 인정하지만, 크게 이야기하면 무선 전화기와 PC 기능의 융합입니다. 즉 종래 기술을 융합해서 새로운 기능과 효용성을 창조한 것입니다. 휴대용 음악 재생기인 아이팟(iPOD)도 한국에서 1998년에 이미 출시되었던 제품과 유사한 것입니다. 제품 출시만이 중요한 것이 아니고, 부가 가치를 얻기 위한 신기술 개발 및 특허 전략, 그리고 제품 홍보의 중요성을 생각하게 합니다.

  여러 훌륭한 분들이 있지만, 20세기는 아인슈타인의 업적으로 오늘의 문명이 있고, 21세기는 스티브 잡스의 창의성이 있었기에 지금의 창조적 혁신이 가능했다고 생각됩니다.

 복사기 회사인 제록스도 창의성 관련해서 종종 언급됩니다. 제록스는 복사기의 원조입니다. 대학 1학년 때 과제가 생기면 자연 과학 서고에 가서, 일단 이화학 사전을 펼치고 거기서부터 시작합니다. 참고하려는 페이지가 통째로 뜯긴 경우가 가끔은 있었습니다. 복사비가 저렴해지고, 그런 경우는 사라졌습니다. 제록스사가 복사기로 돈을 많이 벌어서, 우수 사원에게 1년간 급여는 주고, 관여를 안 할 테니 마음껏 하고 싶은 것을 하라고 했습니다. 연말 발표에서 사원이 컴퓨터 바탕화면의 휴지통을 달랑 보여줍니다. 제록스 평가자들은 실망했습니다. 그러나 이를 알아본 스티브잡스가 1983년 Apple Lisa 컴퓨터에 적용해서 다시 살아납니다. 전에는 컴퓨터 명령어 라인에 'delete 파일명'을 쳐야 삭제가 되었습니다.

 초기의 광고를 보면 삼성과 LG, 그리고 현대는 제품을 홍보하지만, 애플은 개념과 감성을 홍보합니다. 애플은 누구나 알지만, 삼성, LG, 현대는 그렇지 않기 때문이었을 것입니다. 지금은 삼성, LG, 현대도 개념 광고와 감성 광고를 많이 합니다.

 한국인은 애플을 사랑합니다. 스티브 잡스의 혁신에 높은 가치를 두었기에 가능한 현상입니다. 한국인은 변화와 혁신을 사랑합니다. 애플은 2010년대와 달리 이제는 삼성을 경쟁사로 여기지 않습니다. 애플은 S/

W와 H/W를 모두 갖추고 자기들의 성(Castle)을, 생태계를 구축했습니다. 반면 삼성은 H/W 기술만 가지고 있고, 생태계도 취약합니다. 삼성이 믿을 것은 기술밖에 없습니다. 이런 생각도 합니다. 국가가 어려울 때, 애플은, 테슬라는, 도요타는 당연히 우리나라를 떠나서 철수를 선택할 겁니다. 그들은 외국계 다국적 기업입니다. 생산 기지도 아니고, 더구나 본사가 한국에 있지도 않습니다. 이익만을 추구할 것이기에 당연한 결과입니다. 그래도 한국 사람은 애플을 짝사랑합니다. 짝사랑은 이어지지 않습니다. 애플을 사용해야지만 마음이 편하답니다. 생태계가 약한 삼성이지만 기술은 도긴개긴이고, 한국에서는 삼성이 더 편할 수도 있습니다. LG가 적자에 견디지 못하고 핸드폰 사업을 철수했습니다. 2인자가 없는 기업과 소비자는 불행합니다. 우리의 1인자는 이익이 다소 적더라도, 내 이웃과 공동체, 한국에 기여할 것이고, 그 기업은 삼성입니다. 우리 곁에 마지막까지 있을 기업은 애플도, 테슬라도, 도요타도 아닌 삼성이고 LG고, 현대입니다.

열등한 제품을 강요하는 국산품 애용이 아닙니다. 내 가족과 이웃, 그리고 대한민국이라는 공동체에 누가 기여할까를 생각해야 합니다.

창의성을 키우는 방법은 무엇일까요?

다양한 것을 경험하라고 합니다. 경험을 쌓기 위해 스타벅스에서 일했으면, EDIYA, TWOSOME 등은 안 해도 됩니다. 대동소이한 유사 경험이기 때문입니다. 한 번도 해 보지 않은 일을 해 보고, 비현실적인 것을 상상하고 실행해 보는 것이 상상력과 창의성 키우는 방법입니다. 창의성 저해 요소는 무엇일까요? 권위, 부자유, 모방, 경쟁의식, 관성, 책임감 등입니다. 심지어 성공도 창의성을 방해하는 요소입니다. 성공의 달콤함에 젖어서, 과거에 했던 방식을 반복해서 하는 경향이 큽니다. 성공한 사람들은 변화를 좋아하지 않습니다. 남편(남자)들은 생물학적으로 애가 태어나면 바로 떠나서 돌아오지 말라는 말도 있습니다. 그만큼 남자들이 권위적이라는 이야기입니다. 창의성 지수를 조사했더니 편모슬하의 조부모에게서 자란 자녀들의 창의성이 더 우수하다고 합니다.

창의성을 강조하는 4차 산업 혁명 시대에 우리의 생존 전략은 어떻게 세워야 할까요? 세상은 디지털 시대가 되었다는 것을 인지하고 받아들여야 합니다. 이를 이용해야만 합니다. 디지털 시대에도 우리는 결국 인간을 상대합니다. 따라서 감동과 공감을 Off-line과 함께 On-line에서도 구현하는 방법을 찾아야 합니다. 세상은 디지털 시대로 바뀌었고, Off-line뿐만 아니라 On-line 상에서도 감동과 공감의 실현 방법을 찾아야 합니다.

임기응변, 대화를 잘하는 사람을 지혜로운 사람, 창의적인 사람이라고 하기도 합니다. 빨리 변하는 세상 즉문즉답이 요구되고, 그런 사람이 각광받기도 합니다. 그러나 즉답은 피상적입니다. 맞을 수도 틀릴 수도 있습니다. 들을 때는 그럴듯하지만, 돌아서면 공허합니다. 실천과 공감이 부족합니다. 생각 속에, 공감 속에 더 좋은 해법을 주는 사람도 많습니다. 지혜는 시간의 문제가 아니고, 지혜는 지식의 깊이와 공감의 깊이입니다. 즉문은 있을 수 있지만, 즉답은 공대생의 태도가 아닙니다. 즉답은 지혜로, 재치로 가능합니다. 공대생은 지식을 기반으로 생각하고, 공감하고, 몰입해야 해법이 나옵니다. 지식 기반 창의성을 갖는 사람이 공대생입니다.

공대생은 공학 지식에 기반한 지혜와 창의성을 갖춘 엔지니어입니다. 4차 산업 혁명의 주역은 공대생입니다.

2-2 기술 혁명은 필요한가? 계속될 것인가?

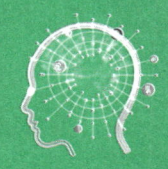

많은 사람이 세상이 너무 빨리 변한다고 합니다. 변하는 것은 어쩔 수 없다 하더라도, 내가 학교에서, 회사에서 배운 것들이 유효했으면 합니다. 그런데 학교에서부터 이미 낡은 지식을 배웠고, 회사에서 생존을 위해 이것저것 배웠지만, 이것들 역시 생명이 짧습니다.

언제부터 세상은 이처럼 빠르게 변했고, 우리는 이제 따라가기도 벅차게 되었는가?

호모사피엔스의 농업 시작을 기원전 9000년경으로 추정합니다. 유발 하라리는 농업에 의한 정착이 미래에 대한 불확실성과 지배자의 등장으로, 오히려 수렵 때보다 더 열심히 일했지만 빈곤했다고 말합니다. 중세 이후 르네상스 때의 과학 혁명 시작은 인류의 지평을 성서에서 과학으로, 그리고 우주로 확장시킵니다.

본격적인 산업 혁명은 인간의 힘을 기계로 대체하려는 18세기의 1차 산업 혁명, 전기의 컨베이어 시스템을 사용함에 따른 대량 생산 체제가 가능해진 20세기 초의 2차 산업 혁명, PC 등장으로 시작된 지식 정보 혁명을 의미하는 20세기 말의 3차 산업 혁명, 2015년 이후의 핸드폰과 데이터(Data) 기반 초지능 사회로 이행되는 것을 4차 산업 혁명으로 부르는 데 주저함이 없습니다.

혁명이라 함은 이제까지의 의식이나 생활 방식이 완전히 달라짐을 의미합니다. 인류의 정신적 혁명과 지적 혁명은 언제부터 시작되었을까?

15세기에 시작된 대항해 시대, 19세기의 나폴레옹(1769년~1821년), 20세기 초의 아인슈타인(1879년~1955년), 21세기의 스티브 잡스(1955년~2011년)를 생각하면 됩니다. 점점 기술 혁명 주기가 짧아집니다. 또한, 나폴레옹의 정신적, 아인슈타인의 과학적, 스티브 잡스의 기술적 순서로 혁명의 도구도 현실화, 대중화됩니다. 정신적 평등화에서 기술적 평등화로 진보합니다.

대항해 시대는 1453년에 이스탄불의 동로마 제국이 이슬람 세계에 의해 멸망해서, 동쪽의 이란, 인도 지역과의 교역이 중단되었고, 이를 타개하고자 대양 항해를 시작한 것이 대항해 시대입니다. 나침반과 선박 기술의 향상과 바스쿠 다가마, 콜럼버스 등의 개척자 등이 있어서 가능했습니다. 국제 무역, 식민 지배와 노예 무역이 발전할 수 있었고, 이것을 유럽 근세의 시작점으로 봅니다.

나폴레옹이 기여한 바에는 일반 평민의 정치적, 경제적, 이성적, 과학적 참여가 가능한 자유주의와 민족주의 정신 승리를 들 수 있을 것입니다. 이제까지는 지배자, 귀족, 수도사가 권력과 지식, 그리고 정보의 중심이었다면, 나폴레옹 등장으로 평민이 주인공이 되는 것이 가능해졌습니다. 아니 이루어졌고, 그것을 모두 확인했습니다.

아인슈타인 과학관은 뉴턴으로 완성된 역학적인 고전 과학 개념을 탈피하고, 상대성 이론과 양자 역학의 세계로 인류를 인도합니다. 이로써 우리는 빛, 시공간, 양자, 우주를 보는 시각이 완전히 달라진 새로운 과학관을 갖게 됩니다. 우주관과 과학관뿐만 아니라 다양한 전자 및 가전 기기의 출현과 문명의 발전이 과학과 밀접한 관련성을 가진다는 것을 확인합니다. 20세기 과학 문명 혁명을 대표하는 과학자로서 아인슈타인을 꼽는데 주저할 이유가 없습니다.

21세기, 정확히 2007년 6월 29일 스티브 잡스의 핸드폰이 등장합니다. 이로써 인류의 삶의 방식을 완전히 변화합니다. 가족, 동료, 직장 중심의 사회로부터 개인 중심의 세계관으로 완전히 바뀐 것입니다. 핸드폰만 있으면 필요한 것, 원하는 장소, 원하는 물품을 즉각적으로 얻을 수 있는 생존의 만능 도구를 1인 1기씩 갖는 사회가 도래합니다. 스티브 잡스가 나폴레옹과 같은 정신적 자유를 주었는지, 아인슈타인과 같은 과학사의 전환을 가져왔는지는 지금 중요하지 않습니다. 모두가 1인 1기씩 핸드폰을 들고 돌아다닌다는 사실이 중요합니다. 소통을 위해, 생존을 위해 이 도구를 적극적으로 활용합니다. 이게 힘이고, 이게 혁명입니다.

대항해 시대의 시작으로 시작된 과학 혁명으로, 지구와 우주에 대한 시각은 뉴턴의 고전 역학 확립으로 정점을 이룹니다. 나폴레옹은 왕족과 귀족 중심의 정신적, 지배적 사고를 평민에게 확대하여 자유주의와 이성 사회(Rational Society), 그리고 평등 사상을 전파합니다. 그리하여 사고의 지평을 모두에게로 확장시킵니다. 아인슈타인은 시공간과 우주, 그리고 현대의 전자 시대를 엽니다. 과학의 지평을 우주와 미시적인 양자 세계로 확장시킵니다. 스티브 잡스는 이들을 융합시켜 기술을 일반화합니다. 이렇게 과학은, 기술은 소수에게서 대중에게 전파됩니다.

인류는 정신적 자유를 넘어, 과학적 사고의 혁명을 거쳤고, 생존의 절대적 도구까지 확보했으니, 좀 넉넉하고 평화로워야 하지 않겠습니까?

아닙니다. 지배층과 소수의 귀족에게서 대중으로 전파된 기술은 소비 지향적이지, 생산 지향적 기술은 아닙니다. 여전히 생산 지향적 기술은 소수의 선도적인 개발자 몫으로 남아 있고, 담당자는 여전히 전문 기술자의 몫으로 남습니다.

19세기부터 20세기의 혁명기를 통해서 평민도 자유를 얻고 참여의 기회를 얻습니다. 시민들도 원하고, 노력하면 과학자가 될 수 있습니다. 2차 대전까지 소대에 1대밖에 없던 무전기를 모든 개인이 소유합니다. 모두에게 정보가 열리며 참여는 절대적으로 확대됩니다. 이러한 참여 기회의 확대는, 아이러니하게도 가질 수 있는 지분을 대폭 줄입니다. 내가 아는 것은 상대도 알고, 내가 원하는 것은 상대도 원하니 참여 기회는 늘게 됩니다. 그러나 지분을 차지할 확률은 모두에게 절대적으로 줄게 됩니다. 소수의 정보 독점자, 제공자를 제외하고, 대부분 사람은 아는 것도 많고, 하는 일도 많은 듯합니다. 그러나 얻을 것이, 가질 것이 더욱 줄게 됩니다. 모두가 참여할 수 있어서 획득할 수 있는 절대적 양이 줄었습니다. 또한 기술의 발달은 우리를 더욱 세밀하게 제어하고 감시합니다. CCTV(Closed Circuit Television)와 GPS(Global Positioning System) 같은 신기술이 우리의 여유를 가져가고 있습니다. 이것이 오늘날 우리들 모두가 더 바쁘고, 예전보다 더 열심히 일하지만, 삶은, 생은 더욱 고달픈 이유입니다.

기술 혁명은 지속될 수밖에 없습니다. 마르크스는 역사의 최종 단계를 공산주의로 봤지만, 프란시스 후쿠야마는 자본주의로 봅니다. 1991년의 소련 붕괴와 우크라이나-러시아 전쟁에서 보듯이 역사의 종말은 후쿠야마의 자본주의가 맞는 듯합니다. 러시아도 민주주의고 자본주의입니다. 다만 독재가 붙을 뿐입니다. 자본주의는 개인의 욕망을 충족하는 최선의 제도인 듯하지만, 욕망을 충족하는 사람은 극소수입니다. 이것이 현실이고, 차별이고, 우리가 고달픈 이유입니다.

 기술을 소비 지향적이냐, 생산 지향적이냐로 나눌 수 있습니다. 시민들 대부분은 소비 지향적 기술을 사용하며, 본인이 문명화되었다고 생각합니다. 산업 혁명 이전까지 우리는 음식과 옷 같은 필수품의 소비자였고, 현대는 엔터테인먼트의 소비자로 전락되었다고 볼 수 있습니다. 즉 우리는 열심히 일해서 엔터테인먼트를 소비하고 즐기지만, 결국은 우리의 몫을 다시 극소수의 생산자에게 갖다 바칩니다. 그래서 항상 힘들고, 어렵습니다. 극소수의 생산자는 기술 혁명을 통해 지속적인 오락을 주는 듯하지만, 결국은 우리의 몫을 가져가는 자일뿐 입니다.

 현재에서 보면 20세기 낭만의 자유주의는 21세기에는 없습니다. 우리에게 없고, 기술 생산자에게만 있을 것입니다. 어쩌면, 기술 문명 시대에는 인류가 있든 없든, 기술 혁명은 계속될 것입니다.

 우리의 유일한 기회는 자유와 평등, 그리고 민주주의에 입각한 선거 제도입니다. 그러나 우리의 1인 1표는 위정자의 신념 속에 있는 것이 아니라, 위정자의 표리부동 속에 있으므로 너무 무력합니다. 그래서 소수의 정보 독점자, 자본 독점자, 권력 독점자에게 모든 것이 집중되는 기술 혁명이 지속될 것입니다. 이들은 선거 때 외는 자본주의에 입각한 비용 절감과 거대 독점 자본주의를 꿈꾸고, 그 속에서 살기를 원합니다. 인류 역사는 농업 혁명 이래로 지배자와 소수 엘리트에 의한 권력 독점을 위해 기술 혁명이 있었다는 것을 보여 주고 있습니다.

 이를 깨우친 많은 사람이 제도를 벗어나 자유로운 삶을 원합니다. 농촌, 어촌, 산촌의 자연에서, 직장을 벗어나서 자유로운 삶, 구속받지 않는 삶을 원하는데 이것이 가능할 것인가? 단기적입니다. 기술 혁명이 없는 곳에서 주체적으로 자유롭게 살기를 원하지만 그럴 곳이 없습니다. 우리는 더 이상의 기술 혁명이 불필요하다고 생각할 수 있지만, 기술 혁명은 지속될 것이고, 조만간 나를 위협할 것입니다. 기술 혁명은 피한다고 피할 수 있는 것이 아닙니다. 구석기인이 멸종하고 신석기인 시대가 왔듯이, 네안데르탈인이 멸종하고 현생 인류인 호모사피엔스 시대가 도래한 것과 같습니다. 기후 변화는 지구적입니다. 우리는 거대한 물결 속에 흘러가는 낙엽 위의 개미입니다. 노를 저어서 약간의 방향 전환은 가능합니다. 그러나 물결을 거스를 수는 없습니다. 1차부터 4차에 걸친 산업 기술 혁명을 잇는, 기술 혁명이라는 거대한 바퀴는 구르기 시작했습니다.

 오늘의 힐링(Healing)이 언제까지 가능할 것인가? 60대 이후도 보장할 것인가? 아닙니다. 우리는 정신적 자유, 경제적 자유, 시간적 자유, 기술적 자유 속에서 진정한 힐링(Healing)을 얻을 수 있습니다. 현재의 힐링(Healing)에 기술적 자유는 빠져 있습니다. 시간이 지날수록 기술적 자유 없는 우리는 세상에서 고립될 것입니다. ATM(Automated Teller Machine)기와 키오스크는 물론이고, 메타버스, AI(Artificial

Intelligence), 빅 데이터, Chat GPT 등의 기술 혁명이 밀려오고 있습니다. 자본과 자산보다 기술에 적응하고 활용하는 것이 중요해지고 있습니다. 디지털 세계에서는 기술적 자유가 없으면 문맹자 취급을 받고 밀려날 수 있습니다.

우리는 기술 혁명에서 벗어날 수가 없습니다. 기술 혁명의 파도 속에서 산속 시냇물 주변이냐, 바닷가냐, 바닷속이냐의 차이만 있을 뿐입니다. 20세기는 기술 혁명 중심이 생산성 기반 이윤 창출이었습니다. 21세기는 기술 혁명 중심이 인간과 환경을 고려한 이윤 창출로 바뀌고 있습니다. 이익을 얻기 위한 행진이 멈추지 않습니다. 기술의 결과인 이윤 추구는 변하지 않았지만, 방법이 관점이 바뀌고 있습니다. 기술의 방향과 속도를 알아야 하고, 결과도 예측해야 합니다. 기술의 내용과 속성을 알고, 이해하고, 실행할 수 있어야 합니다. 기술 혁명의 도전을 이해하고, 극복해야 합니다. 이것이 전문가 시대입니다. 생산자 입장을 가진 공대생 전문가가 해야 할 일입니다.

지속되는 기술 혁명 속에서 세상에 기여하고, 가치 있는 선한 기술 혁명을 이끌 수 있는 사람은 기술을 알고 생산자 입장을 가진 공대생만이 가능합니다.

2-3 일(직업)이란 무엇인가?

　직업관에는 생계유지가 우선인 보수 지향적 직업관, 이웃과 사회에 대한 올바른 역할을 강조하는 기여 지향적 직업관, 그리고 자신이 지닌 재능과 소질을 개발하여 자아를 성취하고 실현하려는 자기실현적 직업관이 있다고 합니다. 에리히 프롬은 소유와 존재의 문제에서 소유는 생존의 문제이고 존재는 가치의 문제라 했습니다. 소유에 관심이 큰 사람은 보수 지향적입니다.

　일(직업)은 노동을 제공하고, 반대급부로 급여를 받는 것을 의미합니다. 급여와 함께, 일(직업)을 통해서 우리가 얻으려는 것은 무엇일까요?

　일을 통해, 직업을 통해 얻으려는 것은 자아실현입니다.
　행복입니다. 그리고 급여입니다.

자아실현에는 2가지가 있습니다.

첫째는 나의 존재를 현실에서 표현하고 이를 통해서 자존감을 확인하고 확립하는 것입니다. 내 의지로 선택해서 방향과 의미를 잡고 이를 현실에서 구현하는 것입니다. 나의 의지가 매우 중요합니다. 나의 선택이 아닌 것은 의미가 없습니다. 내가 선택하고, 결정하고, 실행해야지 나의 존재에도 의미가 있습니다. 20대의 기질입니다. 이런 기질이 20대에도 없다면 문제가 있습니다. 권위에 짓눌린 결과입니다. 부모 찬스, 지인 찬스를 부끄러워해야 합니다. 내가 선택해서, 결정하고, 실행한 결과에 대해 나 스스로 만족한다는 의미입니다. 완전 주관적이고, 자기 존재의 의미이고, 존재의 확인입니다. 내가 만족하지 못하면 의미가 없습니다. 혼자 사는 세상, 외로운 세상에 마지막 남은 자존심이고, 보루입니다.

두 번째는 타인의 인정입니다.
나의 존재를 실현한 것에 대한 타인의 평가입니다. 나의 자존감과도 연관되어 있습니다. 아무리 좋은 것, 훌륭한 것도 타인의 인정이 없으면 의미가 없거나 반감됩니다. 우리는 사회적 동물이라고 합니다. 학습의 의미도 있지만, 결과에 대한 타인의 인정 의미가 더 큽니다. 타인의 인정과 의미 부여가 없다면 한 번은 해 볼 수 있지만, 두 번은 하지 않습니다. 자연 친화적인 삶이 아닌 경쟁 사회의 현대인이기에 타인으로부터 인정받기 위해, 평판을 받기 위해 너무도 노력합니다. 타인의 인정 실패는 자기 존재의 부정과 같습니다. 타인의 인정은 자존심의 향상과 함께, 보수와 승진의 결과로 이어집니다. 가치 있는 사회적 기준의 일에 참여하고, 인정받고, 보수도 얻는 것입니다.

　가끔은 이타적 자아실현을 추구하는 분도 있습니다. 석가, 예수, 테레사 수녀님들이 여기에 속할 수 있습니다. 타인의 행복이 나의 자아실현이라고 생각하는 분들입니다. 그러나 우리들 대부분은 자기적 자아실현이 행복입니다.

　이러한 자아실현은 몰입과 행복을 가져옵니다.
　자아실현을 이루는 것은 집중해야 가능합니다. 대충해서는 자기도 타인도 만족을 줄 수 없습니다. 집중해서 최선을 다해야 합니다. 의무가 아닌 몰입과 최선의 노력이 요구됩니다. 이럴 때 자아실현이 가능하고, 공동체에서의 존재감과 직장인, 사회인으로서의 인정과 자부심이 생깁니다.

　자아실현은 행복도 가져옵니다. 그런데 행복의 방어막은 너무 약합니다. 갑자기 무너지는 것이 행복이고, 다시 찾기 힘들 때도 있습니다. 행복은 가정, 건강, 취업, 돈, 명예, 사랑 등으로 요약됩니다. 모두 행복의 중요 요소입니다. 그런데 이런 것들은 순식간에 사라질 수 있습니다. 사고와 천재지변 등으로 행복이 갑자기 사라집니다. 특히 타인과 관계된 행복은 순식간에 사라집니다. 일은 한 만큼 그대로 있지만, 인간은 매 순간 변합니다. 나는 행복하지만, 상대편은 불행하고, 그 반대인 경우도 너무 많습니다.

한국인에게 행복의 요소는 경제적 부와 함께 가정, 건강, 명성 순입니다. 그나마 가정이 앞서서 다행입니다. 소득은 일정 이상이 되면 행복과 큰 연관성은 없습니다. 예측 불허의 삶 속에서 행복은 영원하지 않습니다. 행복은 결과가 아니라 소소한 과정과 몰입이 행복입니다. 결과에 주목하다 보면, 과정이 주는 행복, 몰입이 주는 행복을 간과합니다. 결과를 행복이라 착각해서, 이 순간과 이 고통을 견디는 사람이 많습니다. 결과인 행복은 강도는 클지라도 너무 순간이고, 너무 쉽게 사라집니다. 이러한 행복의 소멸을 우리는 주위에서 너무 자주 봅니다. 그래서 최종적인 한 방의 큰 행복보다, 소소한 지금의 행복을 즐기고 만들라는 것입니다.

행복이란 무엇일까요? 모두 행복해지기 위해 존재한다고 합니다. 행복은 경험입니다. 큰 경험보다는 작은 경험이 많은 것이 행복의 지속과 연결에 좋습니다. 복권에 당첨되면 행복하지만, 최후까지 행복한 사람은 많지 않습니다. 가정의 행복 강도는 크지 않지만, 지속성이 높습니다. 행복은 영원하지도 않습니다. 이것이 문제이고, 이것이 다행입니다. 초기화(Reset)되지 않으면, 새로운 일을, 행복을 찾을 동기도 잃고, 과거에 머물게 됩니다. 성공과 실패도 마찬가지입니다. 성공했다고 기쁨과 성취에 머물고, 실패했다고 좌절에만 머물 수 없습니다. 기쁨과 좌절을 뒤로하고 다음 단계로 진행해야 합니다. 성공이든 실패든 과거의 기억으로 돌리고, 새 출발(Reset)해야 합니다. 우리는 과거에, 지나간 것에 머물면, 다음 행복을 마주할 수 없습니다.

아리스토텔레스는 행복의 추구를 인생의 목적이라고 말했습니다. 그러나 그는 결과인 행복 자체를 말한 것이 아니라, 행복을 추구하는 과정과 가치 있는 삶을 사는 인생을 행복이라고 했습니다. 진화론적인 관점에서 보더라도 인류의 생존은 행복감과 밀접한 관련이 있습니다. 즉, 불행과 불안을 회피하고, 행복을 추구했기에, 오늘의 인류가, 내가 존재합니다. 진화론적으로 인류에게 행복 추구는 생존 번영의 방법이었습니다. 모험과 위험을 즐기고, 위험을 안고, 절벽을 타고, 힘을 과시하던 종족은 모두 멸종했습니다. 여러분은 안전과 행복을 위해 새로운 것을 발명했고, 투쟁하고, 노력했던 종족들의 후손들입니다.

행복을 지속하는 방법은 사회적 유대감입니다. 유대감을 통한 집단 지성으로 인류는 지구상 최상위종이 된 것입니다. 유대감은 가족, 친구, 그리고 공동체 활동 등에 있습니다. 현대인의 많은 질병은 고립감과 같은 혼자 있는 것과 연관이 있습니다.

일을 통해서 자아를 실현하고, 이것을 타인이 인정해 줄 때 행복하고, 새로운 것을 추구합니다. 그리고 일의 결실인 급여를 받습니다. 이것이 일의 의미입니다.

성서와 미국중앙정보국(CIA)에 다음과 같은 글귀와 구호가 있습니다.
'The truth will set you free.'

요한복음에 기록된 글의 의미는 예수님 말씀을 따르면 죄를 짓지 않는다는 의미입니다. CIA의 뜻은 의미까지 포함된 사실적 정보와 진실을 의미합니다. 프랑스 철학자 사르트르는 "인간은 자유롭도록 저주받았다. 계속해서 자유를 향해 갈 수밖에 없다."라고 합니다. 노자는 자유를 비우는 것이라 합니다.

돈, 자유, 철학의 정리가 필요합니다.

돈을 최종 정착지로 하면 불행합니다. 복권 거액 당첨자의 결과를 우리는 압니다. 일반인의 자유는 구속에서 해방되는 것입니다. 구속들은 경제적 구속, 정신적 구속, 육체적 구속, 기술적 구속을 의미합니다. 20세기의 자유는 경제적 자유, 정신적 자유, 육체적 자유가 자유의 기준이었습니다. 21세기부터는 급격한 기술과 문명의 발전으로 이제는 기술적 자유가 없는 자유는 자유가 아닙니다. 경제적, 정신적, 육체적, 그리고 기술적 자유까지 모두 달성되어야 행복감이 높아집니다.

마르크스가 말했습니다. 경제는 하부 구조를 이루는 것으로 이에 따라 상부 구조인 정치, 역사, 사회, 문화, 의식까지 달라진다고 이야기했습니다. 경제입니다. 자본과 자산으로 대표되는 화폐입니다. 현대인이 일을 갖는 의미는 자아실현의 행복과 함께 급여의 만족감과도 밀접한 관련이 있습니다. 급여가 없다면 일할 필요를 느끼는 사람이 많지 않을 듯합니다. 특히 한국인은 급여에, 분배와 공정에, 그리고 정의에 민감합니다.

내가 일한 만큼 급여를 받는 것은 매우 중요합니다. 20대, 30대는 소유욕과 함께, 미래에 대한 계획과 책임도 증가합니다. 90%는 돈으로 해결해야 할 것들입니다. 본인이 좋아하는 일을 잠시는 할 수 있지만, 열정페이로는 한계가 있고, 회의감이 들고, 자존감 하락을 겪습니다. 일을 시켰으면, 일을 했으면, 정당한 급여를 지불하고 받아야 일이 지속됩니다. 좋아하는 일을 열정적으로 할 수 있지만, 열정으로만 일을 오래하기는 힘듭니다. 적은 보수 때문에 꿈을 포기하고, 좋아하는 일을 포기하고 떠나는 사람도 있습니다. 급여가 행복의 전부를 의미하는 것은 아니지만, 돈이 있으면 꿈의 제약도 적고, 적극적 도전을 통한 자아실현 기회가 많아져서, 행복도가 높아질 수 있습니다.

급여에 목매는 인생이 아니라 경제적 자유를 위해 급여 탈출을 하려는, 조기 은퇴를 꿈꾸는 이가 많은 것도 사실입니다. 조기 은퇴는 현 연간 소비액의 약 20배 이상의 자금을 마련해야 가능합니다. 그래야 은퇴 후에도 현 수준의 삶을 지속할 수 있다고 합니다. 화폐 가치는 지속적으로 떨어지기에, 자산과 자본에 대한 이해와 투자가 중요합니다.

열심히 일해서 벌고, 투자해서 다시 불리는 것도 중요하지만, 돈을 계속 벌고 투자하는 것은 어렵습니다. 어느 순간에는 멈춰야 합니다. 계속 달리기만 할 수는 없지만, 계속 달리는 사람도 있습니다. 돈을 버는 것도 중요하지만 쓰는 것은 더 중요합니다. 인간에게 가장 평등한 것 중 하나가 유한의 시간입니다. 부자도 가난한 사람에게도 예외가 없는 시간입니다. 자산과 자본을 대표하는 화폐입니다. 소유를 의미합니다. 돈은 많았으면 하지만 돈만 많으면 안 됩니다. 돈에 대한 나의 태도와 철학이 있을 때 자유는 향상됩니다. 돈에 대한 자유는 돈에 대한 생각을 안 하면 된다지만, 어렵습니다. 워렌 버핏도 돈을 생각합니다. 자선에 매진하는 빌 게이츠도 돈을, 투자의 효용성을 생각합니다. 워렌 버핏이 빌&멀린다 재단에 재산의 절반인 310억불을 기부합니다. S/W(Software) 분야의 최고 혁신가 중 한 명인 빌 게이츠는 인류와 지구의 지속성에 관심을 두고, 소아마비와 질병 퇴치, 그리고 안전하고 지속적인 에너지에 관심을 두고 있습니다. 이들은 각자의 분야에서 쉬지 않고, 정진하고, 고민하고, 의미를 찾습니다. 봉사를, 일을, 소명을 행하는 데 멈추지 않습니다. 우리는 즐기기 위해서, 소비하기 위해서 태어난 것이 아닙니다. 선한 일을 통해서 태어난 의무와 책임을 다하고 여기서 행복을 얻는 경우가 많습니다.

직장은 사장만을, 회사만을 위해 일하는 곳이 아닙니다. 나 자신과 동료가 함께 하는 일하는 곳이고, 나를 성장시키는 곳이고, 팀원으로서 협업을 배울 수 있는 곳입니다. 이념을 떠나 목숨을 건 전쟁에서 왜 그렇게 싸웠냐고 물으면, 옆의 전우(동료)를 믿고 전우(동료)를 위해 싸웠다고 합니다. 회사 다니는 친구에게 좋은 직장의 의미를 물었습니다. 급여보다도 비전이 있고, 그 비전에 따라 나를 성장시킬 수 있는 부서가, 팀장이 있는 곳이 좋은 부서고, 회사랍니다. 행복하면 일하세요. 힘들면 더 열심히 일하세요. 어려우면 더 배우세요. 배울 것이, 느낄 곳이, 소속감이 있는 곳이 직장입니다. 직장은 일을 통해서 성과와 목표를 공유하는 곳입니다. 직장은 일하는 곳입니다. 직장은 행복을 목표로 하지 않습니다. 팀의 성과와 목표, 나의 승진을 위해서는 열심히 일하시기 바랍니다. 그러나 성공과 행복을 위해 직장에 모든 것을 바쳐서 일하지는 마세요.

잠시 멈추고 단기적, 장기적 정체와 휴식의 고민도 필요합니다. 버는 만큼 쓴다고 합니다. 사실은 버는 것보다 더 쓰는 것이 문제입니다. 소비를 줄이는 것이 자신을 아끼고, 가족을 구하는 일입니다. 소비가 줄면 우리가 원하는 은퇴도 더 빨리할 수도 있습니다. 경제적 자유를 젊어서 얻을 수 있습니다. 너무 늦은 은퇴 혹은 장기적으로나 경제적 자유를 얻게 된다면, 단기적 자유, 일시적 은퇴라도 누리며 가기를 권합니다. 일시적 은퇴는 일을, 하던 것을 멈추고 쉬는 것을 의미합니다. 마지막의 달콤함을 얻기 위해 장거리를 달리는 것은 너무 불행합니다. 단거리를 달리고, 잠시 쉬는 것이 나에게, 가족에게, 이웃에게 행복을 줄 수 있다면 당연히 그렇게 하십시오.

일시적 은퇴는 자원의 재분배입니다. 시간은 돈을 버는 자원 중 하나입니다. 그런데 돈이 적다고 시간을, 가족을, 정신을, 육체를 재촉하면 모두가 불행합니다. 돈을 버는 데 유한한 시간을 다 투자하지 마시길 바랍니다. 물질과 화폐가 중요한 것 같지만, 시간이 더 중요합니다. 원하는 만큼의 물질과 화폐를 채우는 것이 너무 힘들면 소비를 줄이면 됩니다. 일의 목적은 자아실현이고 자본의 축적입니다. 그러나 우리의 최종 목적은 돈이 아니고, 자유도 아니고 행복입니다. 방법에 너무 많은 시간을 투자해서 최종 목적지인 행복에 늦게 도착하면 아무런 의미가 없습니다. 드디어 진정 원하는 것을 깨달았는데, 시간이 없으면 아무런 의미가 없습니다. 철들고 죽으려면, 철들 필요가 없습니다. 시간의 의미를 안다면 본인에게도 타인에게도 여유가 있습니다. 멈출 때도, 포기할 때도 생각합니다. 돈 말고도 주위의 소중한 것이 보입니다. 시간은 모두에게 유한합니다. 지표면에서는 중력이 거의 같기에 시간 팽창이 없습니다. 지구인 모두에게 같은 시간이 주어집니다. 그래서 시간은 모두에게 같고 유한합니다. 일에 직업에 모든 시간을 투자하지는 말기 바랍니다.

공대생에게 일의 의미는 나를 알아 주는 세상을 만나서, 나의 가치를 믿고 세상에 기여하는 선한 일을 추구하면서, 행복과 부가 가치를 얻는 것입니다.

2-4 Open system or Closed system?

Open system or Closed system? 이것을 번역하면 열역학적 측면에서는 열린계 혹은 닫힌계, 경제적 측면에서는 자유주의 혹은 보호주의, 전기·전자공학적 측면에서 열린회로계 혹은 폐회로계 등 다양하게 해석되지만, 상대적 개념이라는 것은 바로 알 수 있습니다.

영국이 1차 산업 혁명에 먼저 성공하였고, 후발 주자인 유럽 대륙의 독일 오스트리아 등은 보호주의로 자국 산업을 육성하고자 하였습니다. 산업 육성은 보호주의로 어느 정도 달성했지만, 소비 시장 확보에 밀린 보호주의 국가들과 영국을 위시한 자유주의(자본주의)가 맞붙은 것이 1차 세계대전이고, 2차 세계대전입니다.

조선말 흥선 대원군의 쇄국 정책이 가져온 조선 멸망은 세계의 흐름을 무시한, 준비 없는 폐쇄 국가의 말로를 여실히 증명하고 있습니다.

미국 우선이기는 하지만 동맹을 중요시하는 미국은 Open system, 북한, 중국, 러시아 간의 연합을 통한 대응은 Closed system의 한 단면으로 보아도 무리가 없을 것입니다.

Open system과 Closed system의 충돌은 다양한 형태로, 수도 없이 많았고, 지금도 계속 진행 중입니다. 대부분은 Open system의 승리로 끝납니다. 그렇지만 지배자 및 관리자의 입장에서 Closed system을 더 선호해서, 혁신과 이윤 사이, 즉 Open system과 Closed system의 치열한 전쟁과 경쟁이 계속됩니다.

1981년은 막 PC(Personal Computer)가 등장한 시기였습니다. 1981년은 Closed system의 독자적인 아키텍처(Architecture: 기반 기술)를 가진 Apple II+가 개인용 PC 시장을 석권하고 있었습니다. 당시 IBM은 기업용 혹은 사무용의 대형 서버만 만들었습니다. IBM은 성장하고 있는 개인용 및 가정용 PC 시장에 진입하기를 원했습니다. 그래서 CPU(Central Processing Unit: 중앙 처리 장치), 메모리 등의 하드웨어와 운영 체계(Operating System)를 시장의 기성품을 사용할 수 있게 하고, 다른 회사에서 주변 기기나 호환 기종을 만들 수 있는 Open system 정책을 실시했습니다. 이로써 개인용 PC의 시장이 열립니다. 오늘날에도 IBM 계열의 호환 PC가 주종으로 자리 잡고 있게 한

정책이 IBM의 Open system 정책이었습니다.

　IBM은 하드웨어의 개방 정책뿐만 아니라 운영 체계에서도 외부 업체인 빌 게이츠가 창업한 마이크로소프트의 MS-DOS를 사용하는 것을 허용합니다. 그래서 오늘날 마이크로소프트는 Window 시스템으로까지 발전하게 되었습니다. 이러한 개방성과 범용성으로 시장에서의 지위가 CPU의 Intel로, 운영 체계의 Microsoft로 넘어갔습니다. IBM은 시장 지위를 되찾고자 1987년 신형 PC인 PS/2, 자체 OS/2를 사용하는 Closed system을 채택하였습니다. 그러나 시장은 개방성과 범용성에 익숙해진 상태였습니다. IBM의 Closed system은 실패하고, 2005년 중국의 레노버에게 PC 사업부를 매각하고 IBM은 철수합니다.

　마이크로소프트의 빌 게이츠는 Apple II에 S/W(Software) 운영 칩을 판매하고, 더 나아가서 IBM에도 판매하여 막대한 수익을 올렸습니다. 1984년 스티브 잡스는 Closed system의 Macintosh 컴퓨터를 출시합니다. 그러나 Macintosh 컴퓨터는 시장의 외면을 받고, 결국 스티브 잡스는 Apple 사에서 쫓겨납니다. 빌 게이츠는 IBM의 개방 정책에 힘입어 막대한 부를 축적합니다.

　스티브 잡스의 퇴출 후 12년 동안 실적 부진에 시달리던 Apple은 1997년 다시 잡스를 최고 경영자로 영입합니다. Apple은 위기 상태였고, 이를 극복하기 위해서는 막대한 자금이 필요했습니다. 이때 빌 게이츠가 1억 5천만 달러를 Apple에 투자하여 아이맥, 아이팟, 아이폰 등의 혁신 제품을 출시하여 오늘에 이르고 있습니다.

Open system을 택할 것이냐, Closed system을 택할 것이냐의 기준은 무엇일까?

19세기 영국은 일찍 산업화에 성공하여 세계 시장을 선도했기에 개방형 시스템을 선호했습니다. 그러나 독일 오스트리아, 소련 등은 산업화가 늦었기에 보호주의를 채택하여 산업화에 필요한 시간을 벌었습니다. 이때의 기준은 산업화 선점과 시장 확대 정책이 개방화의 기준이었습니다.

지금 미국 주도의 자유주의 동맹과 중국 및 러시아의 독재 혹은 공산주의의 동맹은 세계 패권주의와 기술 주도 여부에 따라 정책을 결정하고 있습니다. 중국은 Open system을 열심히 주창하지만, 자국은 Closed system으로 해 놓고 외부에만 Open system을 강조하는 형태입니다. 미국도 결국 자유주의 민주주의 국가 간 Open system을 추구하지만, 작은 시야로 보면 결국은 자국의 Closed system입니다. 한국은 약소국가이고, 무역으로 살기에 Open system을 추구하지만, 우리의 힘으로 이를 관철하기 어려워 미국 주도의 자유주의 Open system에 가담할 수밖에 없습니다. 즉 힘 있는 자들이나 국가는 Closed system을 원합니다.

경쟁은 혁신을 낳지만, 독점은 이윤을 낳는다.

일반인은 혁신을 원하지만, 혁신 기업체도 결국은 이윤을 추구하는 독점을 원하게 됩니다. 이에 대응하여 다시 새로운 혁신이 올 때까지 독점 기업이나 강대국은 혁신을 저해하기에 새로운 기술 혁명이 올 때까지 정체가 있습니다. 그래서 기술이 정체되었다가 혁신적으로 진일보하는 형태가 반복되는 것입니다.

Apple은 눈에 보이는 Closed system을, 성(Castle)을 구축한 대표적 기업입니다. IBM의 Open system에 맞서서 파산 직전까지 갔으나, 지속적인 혁신과 Closed system(폐쇄 정책)으로 오늘날의 Apple 생태계를 구축합니다.

2022년도 글로벌 브랜드 가치 순위는 Apple, 마이크로소프트, 아마존, 구글, 그리고 삼성전자 순서입니다. 대부분 IT(Information Technology) 기업들입니다. 이들은 종래의 단일 업종의 단순 IT 기업이 아닙니다. 구글만 해도 검색 엔진, YouTube, 구글 알파벳, 구글 X, 구글 딥마인드 등의 혁신 기업을 다수 가지고 있습니다. 단순히 안드로이드계의 구글이 아닌 혁신 기업, 내일을 준비하는 기업으로 진화하고 있습니다. Apple도 마찬가지입니다. 이들은 과거의 단순한 Closed system을 추구한 국가나 기업이 망하고 사라진 것을, 역사를 통해 알고 있습니다.

즉 오늘의 IT 기업은 내부적으로는 끝없는 혁신인 Open system을 추구하지만, 외부적으로는 Closed system을 유지하고 있습니다. 과거나 지금이나 내부적으로는 혁신과 경쟁이 가능한 Open system을 요구하고, 외부적으로는 이윤 추구를 위한 Closed system을 추구하는 본질은 변하지 않고 있습니다. 외부에서 이윤을 얻고 내부에서 혁신을 추구하는 시스템을 강자들은 추구하고 있습니다.

즉, 강자만이 Closed system과 Open system을 자체적으로 자유롭게 결정하는 것입니다. 자기 결정권을 갖고, 스스로 행하는 자와 나라만이 강자고, 강국이고, 제국입니다. 이제는 국가로서의 제국은 사라졌지만, 기업으로서의 Open system과 Closed system을 자유롭게 결정하고 실행할 수 있는 회사가 제국이 되고 있습니다. 구글 제국, Apple 제국이 전혀 낯선 용어가 아닙니다.

예외가 하나 있습니다. 전기·전자 회로에서는 Closed circuit system이 회로에 전원이 입력된 상태로, 이때 기기가 정상 작동합니다. Open circuit system은 회로에 전원이 차단된 상태로 기기가 작동하지 않습니다. 전기·전자 회로에서 이것은 정해져 있고, 변하지 않는 규칙입니다.

강자에게, 제국에게 규칙은 그들만을 위한 것입니다. 언제나 그들의 필요에 따라 규칙이 바뀔 수 있습니다. 변경된 규칙을 강요할 수 있는 것이 그들의 규칙입니다. 제국만이 할 수 있고, 그들이 제국입니다. 제국이 아닌 우리가 생존하기 위한 깊은 고민과 지혜가 절실합니다.

Open system 혹은 Closed system은 강대국만이 선택할 수 있는 규칙입니다. 대한민국도 자율적으로, 자체적으로 System을 선택할 수 있고, 결정할 수 있는 강대국이 되었으면 합니다.

2-5 공대생, 이과생 그리고 문과생

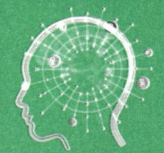

매번 학기 초에 강의에서 공대생과 이과생의 차이를 질문합니다. 생각해 본 적 없는 사람도 있고, 사람마다 다르게 대답할 수도 있고, 같은 자연 계열이니 차이가 없다는 학생도 있습니다.

산업 혁명 때인 18세기 말, 19세기 초를 우리는 발견의 시대, 발명의 시대라 이야기합니다. 누가, 발견하고 발명했을까? 왜, 발견하고 발명했을까? 조상은, 우리는, 나는 무엇을 발견하고 발명했을까?

우리는 모두가 정말로 노력해서, 압축적 성장으로 세계 10위의 경제 성장을 이루었습니다. 자랑스러운 일입니다. 대한민국 5천 년 역사에서 지금처럼 부유하고, 배고픔을 모르고 사는 시대는, 지금이 처음일 것입니다. 그러나 우리 정신은 수천 년을 가난하고 어렵게 살아서, 여전히 빈

곤과 소유의 DNA 지배하에 있습니다. 즉 몸과 정신 뼛속 깊이 가난을, 빈곤을 기억하고 있습니다. 우리는 너무 오래 가난했고, 너무 오래 외세와 위정자에게 착취를 당했습니다. 한국인의 중요도 1위는 경제적 부라는 기사를 보았습니다. 미국인의 중요도 1위는 가족과 친구 관계라고 합니다.

이과생은 모르는 것을 논리적으로 정확히 밝혀 주면 됩니다. 뉴턴이 사과나무에서 사과가 떨어지는 것을 보고 $F = m \cdot a$(힘=질량·가속도)를 논리 정연하게 설명합니다. 이과생 역할은 이것이 기본입니다. 공대생은 여기에 힘을 어떻게 가할 것이고, 이것을 어디에 사용해서 얼마를 벌 것인가 생각해야 합니다. 기차에 나무든, 석탄이든, 전기든 에너지를 가해서 힘을 얻습니다. 이 힘에 방향성과 크기를 부여해서 추진력을 얻습니다. 최종적으로 기차에 물건과 사람을 실어 이동시키며, 부가 가치를 얻는 것입니다. 이것이 공대생입니다. 기차에 추진력만 주고, 화물과 사람을 태우지 않은 기차 디자인, 즉 발명품 기차는 공대생 작품일 수가 없습니다. 공대생 작품이면 안 됩니다. 부가 가치 창출을 생각해야만 공대생의 작품입니다. 공대생은 세상에게, 사람에게, 기술에게 편리함과 효율성을 추구해서 부가 가치, 즉 이윤을 얻는 사람이라고 생각합니다. 이것이 이과생과 공대생의 차이입니다. 지금은 이과에도 실용 과학, 응용과학이 생겨, 공학자적 접근이 이루어지고 있습니다. 그러나 기본적인 차이는 이과생은 모르는 것을 논리적으로 서술하는 사람이고, 공대생은 이것을 기초로, 혹은 여기에 부가 가치를 절대적으로 부여하는 사람입니다.

세상을 바꾼, 바꾸는 사람이 누구일까? 기술자입니다. 즉, 공대생입니다.

한 나라의 국가 역사를 설명할 때는 왕조를 중심으로 서술합니다. 그러나 세계사의 문명 흐름을 설명할 때는 기술로 이야기합니다. 구석기, 신석기, 청동기, 철기, 농업 시대, 산업 혁명 시대, 정보 혁명 시대로 세상을 이야기합니다. 여기에 왕조가 낄 자리는 없습니다. 세계 문명을 바꾼 사람은 기술자입니다. 엔지니어, 즉 공학자, 공대생이 세상을 바꾼 것입니다. 오늘의 세상은 위정자로 돌아가는 것이 아니고, 엔지니어의 힘으로 세상이 돌아가고 유지되는 것입니다.

세상은 공대생의 힘으로 돌아가고 유지되는데 대우는 별로인 듯합니다. 법은 우리의 몫이 아니라고 생각하기 때문일 것입니다. 공대생들이 적극적으로 참여해서 정당한 대접을 받았으면 합니다. 법을 만드는 국회에 법과 관련된 검사, 판사, 변호사가 많습니다. 대한민국 20대 국회 의원 임기(2016년 6월 – 2020년 5월) 중 법조인의 비율은 51명입니다. 검사 17명(5.74%), 판사 13명, 변호사 21명입니다. 일본의 검사 출신 비율은 0.42%이고 한국은 5.74%입니다. 법조인 중 통계로 확인한 검사 비율만 한국이 13배 이상 높습니다. 대한민국 인구수 5,162만 명 중 법조인은 34,709명, 0.06%인데, 법조인 출신 국회 의원은 17.4%입니다.

삼권 분립이라지만 모든 권력자들의 종착지는 여의도입니다. 그리고 행정부입니다. 대한민국에서 삼권 분립의 명예와 품위를 찾기가 어렵습니다. 권력과 명예와 부를 동시에 갖고자 합니다. 압축 성장했고, 중앙 집권적 한국에서 더욱 도드라져 보입니다.

대한민국 대학생의 20% 정도가 공대생입니다. 이과생까지 치면 더 높아집니다. 2022년 국회 의원 연맹(IPU)이 발표한 여성의 대한민국 국회 의원 비율은 17.1%로 세계 193개국 중 121위입니다. 2030 유권자 수는 42.9%인데 국회 의원 비율은 3.2%입니다. 공대생을 별도로 집계하지도 않지만 1% 내외로 추정됩니다. 그러니, 항상 공대생을 고려한 법이 부족하다고 생각합니다. 민주 국가에서 권리를 찾으려면 사회와 법에 호소하고 만들어 가야 합니다. 참여하지 않고 지하에서 구시렁구시렁 해 보았자 아무도 귀 기울이지 않습니다. 구시렁, 궁시렁(궁 싫어)은 왕이 궁에서 백성들이 어찌 사는지 보러 암행 나왔다가, 백성 사는 것이 너무 재미있어서 궁에 들어가기 싫어서 내는 소리를 수행원이 들은 것이랍니다. 농담입니다.

정말로 문과생은 공대 기술을 너무 모릅니다. 모를 수밖에 없습니다. 어렵습니다. 정말 공대 힘듭니다. 1학년 때부터 매주 시험으로 시작해서 시험으로 졸업한 것 같습니다. 공대생은 시험 속에 완성되지, 풍월로 달성되지 않습니다. 공부하고, 실전에서 실력을 배양해야 새로운 기술에 적응합니다. 석박사 과정은 문과나 자연계나 모두 힘이 듭니다. 석박사 이후의 문과생은 삶이 이들의 발자취가 되고, 삶의 발자취가 이들의 경력이 됩니다. 그러나 공대생은 이후도 공부를, 노력하지 않으면 실력의 저하를, 뒤처짐을 본인 스스로 압니다. 노력하지 않는 공대생은 아는 것은 많을지라도, 흘러간 기술, 과거의 기술자입니다. 사용할 기술, 적용할 기술을 위해서는 경험과 함께 지속적인 기술과 정보의 학습과 노력이 필요합니다. 공대생을 소중히 해야 하는 이유입니다.

〈이상한 나라의 앨리스〉는 열심히 달립니다. 경쟁자가 달리니, 달리지 않으면 추월당해 정체 내지는 퇴보하기 때문입니다. 앨리스가 공대생입니다. 기술은 자꾸 진화하고 발전하기에 따라가지 않으면, 새 기술을 익히고 개발하지 않으면, 경쟁자, 경쟁 업체, 경쟁국에 따라 잡힙니다. 공대생은 달려야 합니다. 달려야 세상이 보이고, 재미있습니다. 상대가 있기에 동기와 승부욕이 생기고, 나의 수준, 나의 속도를 가름합니다. 홀로 달리는 것, 혼자 해 보는 것은 한 번은 할 수 있습니다. 그러나, 동기도 약하고, 재미도 없어서 지속되기도, 반복해서 하기는 어렵습니다. 경쟁 속에서 승리하기 위해, 발전하기 위해, 전략을 짜고, 수정합니다. 자본과 인력을 투입해서 전력 질주하기에 몰입이 있고, 희열이 있고, 승리가 있습니다.

다만, 노력한 것, 공부하는 것에 비해 대우가 좋지 않습니다.

대한민국은 기술 국가이기에 기술자, 공대생에 대한 대우가 향상되어야 합니다. 그래야 우수한 공대생이 나오고, 이들이 신기술을 설계하고, 창조하고, 개발하는 선순환이 가능합니다. 20세기처럼 노동 집약적 산업은 우리 것이 아닙니다. 21세기와 22세기에는 신기술 집약 산업 사회, 가치 설계와 창조 혁신 사회로 나아가야 합니다. 공대생은 신기술로 무장한 설계와 창조, 그리고 혁신의 주역이기에 더욱더 공대생을 귀하게 대우해야 합니다. 공대생을 인건비 수준으로 대우해서도, 그렇게 생각해서도 절대로 안 됩니다. 21세기와 22세기에 공대생은 설계하고, 창조하고, 혁신하는 선도자입니다. 공대생은 시험 속에서 탄생했고, 노력과 몰입 속에서 발전합니다. 그리고 결과를 창출합니다.

공대생은 가치 설계와 가치 창조, 그리고 기술 혁신이 가능한 능력자이고, 이과생도 문과생도 가능한 특징적인 가역적(Reversible) 존재입니다.

2-6 공대의 3대 학과는?

우리 학교는 공대 학과가 정말 많습니다. 전통적인 공과 대학, 여기서 독립한 정보 공과 대학까지 모두 세면 21개 학과가 있습니다. 정말 많습니다. 이것을 줄이려고 해도 소위 영역 보존, 학과 지키기에 더해서, 새로운 기술이 계속 요구되니, 학과가 증가합니다.

10여 년 전에 나노 시스템 공학과를 만들려고 본부에 안을 제출했습니다. 학부생 정원 50명의 4년 200명, 1인당 한 학기 등록금 4백만 원이면 16억, 10명당 1명의 교수 5인 인건비 5억, 장학금 20%인 4억, 행정 요원 2인 1억, 공간, 설비 유지, 보수, 사용료 등으로 3억 정도가 드는 것으로 예산을 잡았습니다. 예상치지만 넉넉잡아도 남습니다. 문제는 학부생 정원, 200명이 안 찬다는 것에 있습니다. 학령 입학 인구가 계속 줄어 많이 미달입니다. 또 편입 제도의 활성화로 재학생도 계속 줍니다. 여러 이유가 있겠지만, 그래서 본부에서 반려했을 것입니다.

재학생 상담을 매 학기 2번 정도 합니다. 특별하지 않으면 형식적입니다. 그중 마지막에 내가 하는 말이, 내 인생도 잘 모르겠는데, 내가 어떻게 너 인생을 알고, 이야기하겠냐고 합니다. 모두 웃습니다. 학생들이 제일 기억에 남는 말이라고 합니다. 수년 전 저녁에 1학년 학부모에게 전화가 왔습니다. 과 학생과 싸워서 골절로 병원에 입원했답니다. 일방적 피해자인데 어찌하냐고 자문을 구했습니다. 무조건 자식 편들라고 했습니다. 자식이 원하면 고소도 고발도 하고, 자식이 원하는 것 해 주고, 절대적으로 자식 편들라고 했습니다. 학교 생각, 학과 생각하지 말고, 무조건 자식 입장에 서라고 했습니다. 부모가 자식 편 안 들고, 자식을 안 믿으면, 누가 그의 말을 들어줄 것이냐고 무조건 자식 편들라 했습니다. 험한 세상, 치열한 대한민국에서 그나마 위안은 가족뿐입니다. 그 학생은 학교 잘 다니고 졸업했습니다.

90년대 아는 분의 자녀가 고등학교 3학년인데, 어떤 과를 가는 것이 좋을까? 하고 문의를 했습니다. 마음속에 이미 정해서, 확인 겸 문의한 것이니, 특별하지만 않으면 호응만 해 주면 됩니다. 그래서 호응해 주고 그 과에 갔습니다. 그래서 생각해 보았습니다.

기술 변화가 정말 빠릅니다. 내가 전자과 지원했다가 미끄러져서 들어간 세라믹 공학과에 계속 남은 이유가 있습니다. 현실적 순응과 함께,

1981년 미국 최초의 우주 왕복선 컬럼비아호가 있었는데, 지구 귀환할 때 수천 도의 고온을 견디어야 합니다. 이때 필요한 핵심 기술이 단열 기술이고, 그 물질이 다공성 세라믹이라고 합니다. 세라믹 공학과를 첨단 기술 학과로 인식해서 남은 것도 있습니다.

1991년에 소련이 망하고 러시아가 되었습니다. 대한민국은 1990년도에 소련과 수교했습니다. 앞으로 한러 시대가 된다고 러시아어 공부하고, 전공한 사람이 있었습니다. 그런데 현재까지 그다지 효용성이 높지 않다고 합니다.

인생은 운입니다. 경험상 운칠기삼(運七技三)보다 운이 훨씬 더 인생은 좌우합니다. 그냥 운입니다. 다만 노력하는 곳에 운이 있고, 기회가 오면 잡을 능력을 높이는 것이 노력입니다. 노력이 방향이고, 노력이 감입니다. 노력은 시간이라는 자원의 효율성을 높입니다. 운이 용감한 자의 편이던 시대는 지났습니다. 이제 운은 노력한 자의 편입니다. 방향을 잘 잡고, 운이 도래하기를 기다리며 노력합시다.

운이 안 오면, 이번 생은 망한 것일까? 그렇지 않습니다. 사람들 99%는 그냥 평범하게 삽니다. 세상일 90%는 그냥 주어진 것입니다. 그다지 노력이 필요하지 않은 것입니다. 헬조선 등 현 한국을 비하하는 표현이 많지만, 대한민국에서 태어난 자체가 복이고 운입니다. 세계 10위의 경제 대국에 태어난 것입니다. 세계 193국 대표들의 경제 마라톤에서 대한민국은 세계 10위입니다. 여러분은 10번째에서 출발하는 것입니다. 북한에서, 혹은 살기 힘든 어느 나라에서 태어나서, 193번째에서 뛰어야 하는 사람도 있을 것입니다.

21세기입니다. 무에서 유를 창조해야 하고, 지구 온난화도 생각해야 하고, 타국과의 기술 경쟁도 생각해야 합니다. 버릴 것이 없습니다. 그래도 너무 많습니다. 생기는 과는 있어도 없어지는 과는 적습니다. 거의 없습니다. 과만 그런 것도 아니고, 학문 분야도 그렇습니다. 없어지는 학문 분야도 적습니다. 거의 없습니다.

제일 싫은 교수 형태가 있습니다. 본인이 은퇴하면 그냥 가면 되는데 물려줄 사람과 학문 분야를 골라서 채용하는 은퇴 교수가 드물지만 있습니다. 정말 싫습니다. 대부분 은퇴 교수가 소위 돈 한 번 벌어 보지 못하고, 그냥 학위하고 교수가 된 사람이 태반입니다. 이런 사람이 더합니다. 30대에 초반에 되었으면 30년 이상, 40대 초반에 되었어도 20년 이상 교수 생활을 했습니다. 산업체 동향과 거리가 너무 먼 기술에 머물러 있습니다. 안 그래도 산업체에서는 대학이 산업체 요구 기술과 괴리가 있다고 불만입니다. 대학은 산업체보다 10년 앞선 연구를 하고, 산업체보다 동등 이상의 제품 개발을 해야 그 존재 의미를 찾을 수 있습니다. 학교에만 있었으니 부족합니다. 신기술 신경향은 책으로 논문으로만 접해서 되지 않습니다. 산학 연구를 강조하는 이유도 여기에 있을 것입니다. 그래도 본인이 했던 것, 본인 외에는 아무도 관심 없는 것을 고집하고 특채라도 해서, 그 자리를 채웁니다. 바깥은 새로운 분야를 원하는데, 또 정체입니다.

빌어먹을 은퇴 교수!

제발 빈손으로 왔듯이, 빈손으로 어떤 유산도 남기려 하지 말고 떠났으면 합니다. 교수 몇 명 떠나도, 학과 안 망합니다. 불필요한 유산을 남기니 점점 정체하고 망합니다. 그런데 젊은 교수들은 직접적인 본인 일 아니면 개입을 안 합니다. 너무 순응적이고, 너무 독립적이고, 너무 개인주의적입니다. 처음에 차가웠지만, 점점 뜨거워지는 물속에 있는 개구리입니다. 젊은 교수들은 은퇴 교수의 교수 채용에 강력히 반대해야 합니다. 떠나는 교수가 살 곳이 아니고, 남은 교수가 살 집이 학과입니다. 그래야 학과도 살고, 좋은 교육, 새 교육도 이루어질 수 있습니다. 은퇴 교수가 조용히 유산 없이 가는 것이 제일 좋습니다. 나머지 분들이 알아서 할 것입니다.

공대는 학과가 많습니다. 모두 필요하고 세상에 의미가 있습니다. 학과도 자동화 추세를 거스를 수 없지만, 전통적으로 기계 관련 학과, 전기·전자과, 소재과 등은 수요가 꾸준합니다. 무인도에 갈 때 3가지 분야만 선택하라면 어떤 학과를 선택할 것인지 묻는 경우가 있습니다. 공대생이라면 소재와 역학, 그리고 전기·전자 관련입니다. 소재가 없으면 아무것도 할 수 없습니다. 아무리 무에서 유를 창조하는 시대가 되었다지만, 존재하는 유한의 몸체가 인간이기에 눈비 피할 곳이 필요합니다. 그것이 소재이고, 재료입니다. 이왕 소재로 짓는 것 고인돌처럼 짓고, 동굴에서 돌 밑에서 살 수는 없습니다. 역학이 필요합니다. 동역학, 열역학, 유체 역학, 기체 역학 등을 다루는 기계 계열이 그런 역할을 합니다. 남들과 소통해야 합니다. 걸어가서, 연 날려서, 비둘기 보내서 소통할 수 없습니다. 호롱불 밑에서 살 수도 없습니다. 전기·전자, 컴퓨터 계열이 필요한 이유입니다.

  그러나 우리는 무인도에 살지 않습니다. 21세기는 가치를 설계하고 창조해서 혁신해야 합니다. 제품에서 가격과 성능보다는 디자인이 기능이 강조되는 시대에 살고 있습니다. 삶에서는 품위도 찾고 싶습니다. 그래서 공과 대학에 전공 학과가 많은 이유입니다.

2-7 과학과 공학

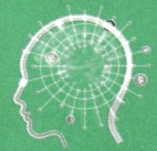

과학과 공학의 차이를 생각하고 질문합니다.

과학과 공학의 기원은 명확히 확립되지 않았지만, 둘 다 기원전 수천 년까지 올라갑니다. 과학은 그리스 자연 철학자인 탈레스, 피타고라스 등이 언급됩니다. 또 수학을 과학의 기원으로 이야기합니다. 초기 문명의 중심은 유럽이 아닌 이집트와 메소포타미아였고, 피타고라스도 유럽인이 아닌 오늘날의 레바논, 시리아, 그리고 이스라엘 지역의 페니키아인입니다. 고전 역학의 대부인 아이작 뉴턴(Isaac Newton)도 자신을 자연 철학자라 지칭했고, 이후 산업 혁명과 함께 과학이라는 용어가 사용됩니다. 즉 과학의 기원은 유럽이 아닌 이집트와 메소포타미아 지역이었고, 자연 철학자부터 시작되었고, 연도는 대략 BC 2000년 정도로 봅니다.

공학은 원초적 인간의 힘이나 기술로 가능하지 않은 일을 기계나 기술을 이용하여 해결하여 문명을 이루고, 인간의 편리성을 증진하는 것입니다. 수학에 기초를 두었지만, 이집트의 피라미드, 그리스의 파르테논 신전, 그리고 중국의 만리장성이 공학의 결과물이라고 칭해도 됩니다. 인간 삶에 영향을 준 것이 공학이라 하면 그 시작은 대략 BC 3000년 정도로 추정됩니다. 현대의 공학 개념은 1771년 토목 공학(Civil Engineering) 제창으로 보고 있습니다. 1818년 토목 공학회(Civil Engineering), 1847년 기계 공학회, 1871년 전신 공학회, 1881년 전기 공학회, 그리고 20세기에 화학 공학과 재료 공학을 시작으로 다수의 공학이 생성됩니다. 즉 현대 개념의 과학과 공학은 산업 혁명 이후에 생겼고, 이전에는 철학을 제외하고, 과학과 공학의 개념에 대한 정의 없이 기술을 대변해서, 그리고 철학의 필요에 따라 사용되었습니다.

대개 과학은 이론적이라고 이야기하고, 공학은 실용 혹은 응용 학문이라고 이야기합니다. 과학자는 문제가 무엇인지를 파악하기 위해 이론과 지식을 체계적으로 탐색하고 더하는 사람이면, 공학자는 효율적이고 실용적으로 문제를 해결하고 행하는 것이 중요한 사람입니다. 즉 과학자는 알려고 하는 데 주안점을 두고, 공학자는 알려진 문제를 해결하려고 시도하는 사람으로 비용과 시간, 그리고 사회적 비용을 고려하는 사람입니다. 다른 관점에서 과학자는 알려는 노력의 결과로 사고의 지평을 넓혀 주는 사람이라고 정의할 수 있는데, 공학자는 문명의 흐름과 삶의 방향과 질을 바꾸는 사람이라고 할 수 있습니다. 문명의 큰 흐름인 대항해 시대도 대형 선박 건조가 있었기에 가능했고, 스티븐의 증기 기관차를 언급하는 1차 산업 혁명, 대량 생산을 가능케 했던 컨베이어 벨트 시스템을 이용한 포드 자동차의 2차 산업 혁명, PC 정보 혁명인 3차 산업 혁명, 다량의 Data를 주고받는 4차 산업 혁명으로 인류 문명은 이전과 완전히 달라집니다. 과학을 응용했다 해도 이들 각각의 산업 혁명은 공학의 산물이지 과학의 개가라고 하지 않습니다.

특히 21세기 공학은 크고, 전방위적이고, 자체로서 하나의 문화이고 문명이며 혁신의 산물로 진화하고 있습니다. 따라서 공학은 과학과 구분되고, 인문학과는 완전히 별개인 분야이기는 하지만, 공대생은 과학과 인문학을 섭렵할 기본 능력을 가진 가역적(Reversible) 존재입니다. 공학은 완성형이 아니고, 끊임없이 보완하고 개선하는 진행형입니다. 그래서 순수 과학자는 공학에 정해진 이론이 없다고도 하지만, 실제로 과학자들은 제조 및 응용 기술에 관해서 무지에 가깝습니다. 순수 과학자는 자연을 이해하고 해석하려 노력하지만, 공학자는 자연을 제어해서 개발하려는 사람입니다. 그래서 공학자는 투입 비용(Input)과 생산 비용(Output)을 고려해서 부가 가치(Value Added)를 생각하고 실현 가능성도 고려합니다.

2차 세계 대전을 종식시킨 원자탄 개발을 위한 맨하튼 프로젝트는 과학자의 승리라 할 수 있습니다. 1970년 4월 11일 발사된 아폴로 13호는 사고로 달 착륙을 하지 못하고, 4월 17일 극적으로 지구에 귀환합니다.

사고에 따른 승무원 생존 문제, 전력 문제 등의 난제를 해결하고, 최종적으로 아폴로 13호 우주선을 성공적으로 지구로 귀환시켰기 때문에 이 사건은 공학자들의 승리입니다. 맨하튼 프로젝트에서 공학자는 과학자, 물리학자의 보조 기술자로밖에 인식되지 않습니다. 그러나 아폴로 13호를 시작으로 원자력 발전소, PC, 인터넷, 무선 통신, 핸드폰, 인공 위성 등으로 20세기 말, 21세기부터는 과학의 승리보다는 공학의 승리가 절대적이고 지속된다는 것에 누구도 의심하지 않습니다. 주위를 보면, 정치가 법률가는 물론이고, 의사, 심지어는 과학자까지 공학의 도움 없이는 할 수 있는 것이 없습니다. 예로 과학자는 물론이고 모든 행정가의 과거와 현재 그리고 미래를 잇는 데이터 처리는 PC나 데이터 센터 없이는 불가능하고, 이것들은 공학의 결과입니다. 의공학 기구나 영상 장비와 같은 장치는 대부분 의사 노력의 결과가 아니라 공학의 산물입니다. 맨하튼 프로젝트까지 과학자의 보조자가 공학자였지만, 21세기부터는 공학자의 보조자가 과학자입니다. 그래서 더는 '과학 기술'이라는 용어 대신 '과학과 공학' 혹은 '공학과 과학'이라는 용어, 심지어는 독립적으로 '공학 기술'이라는 용어가 적절합니다. 대한민국은 과학 분야 노벨상이 없다고 매년 한탄합니다. 그러지 않아도 됩니다. 우리는 제조업, 즉 공학의 강자입니다. 기초 과학 없이는 공학의 발전이 없다고도 이야기합니다. 아닙니다. 공학은 과학의 완전한 이해가 없어도 성취 가능합니다. 가능할 뿐만 아니라 21세기부터는 그동안 과학자가 담당했던 꿈과 이상은 물론이고, 삶과 문명까지 공학자가 선도하고 있습니다. 대규모 투자가 수반되는 21세기에 한국의 국력은 선택과 집중을 할 수밖에 없고, 그것이 공학 기술이고, 공학자입니다. 양자 역학, 원자 물리, 천체 물리를 몰라도 원자력 발전소를 건설했고, 수출도 했으며, CDMA(Code-Division Multiple Access: 코드 분할 다중 접속) 통신 기술 개발했고, PC를 생산하고, 핸드폰을 만들고, 유도 무기 개발하고, 우주선도 개발해서 지구를, 우주를 관찰해서, 필요하면 과학자에게 데이터를 제공하고 있습니다. 21세기에 20세기 업적을 열거합니다. 그중 핵심적 기반 요소 중 하나가 전력 공급이었습니다. 원자 물리나 양자 역학을 몰라도 장거리 송전 문제, 발전 문제, 고장력 저저항 재료 문제 등의 업적을 공학자들이 노력해서 해결했습니다. 과학 혁신이 대한민국을 이끈 것이 아니고 공학 혁신이 오늘의 대한민국을 개척했습니다.

과학이 우주와 물질, 그리고 진화의 수수께끼를 알고자 했듯이, 공학은 더 나은 변화와 시스템을 추구합니다. 과학처럼 공학은 유일무이한 해결책을 찾지 않습니다. 공학은 최종적인 목표를 계속 수정하며 지속적인 변화를 선도하고 있습니다. 고민하고, 생각하지만, 시도하고 미래로 전진합니다. 수년의 변화는 작을지라도 백 년의 변화는 작지 않습니다. 2차 산업 혁명의 결과인 대량 생산 체계를 처음 도입한 포드 자동차나, 라이트 형제의 초기 비행기를 지금의 자동차나 비행기와 비교해 보십시오. 많은 개선과 시행착오를 거치며 오늘에 도달했고, 앞으로도 계속해서 개선되고 발전할 것입니다. 미래 도심 교통은 자동차와 항공이 결합하고, 자율 주행차가 당연한 것이 될 것이고, 이것에 필요한 문제를 공학자가 해결할 것입니다. 인간의 사고력 부족, 인습과 관습 문제, 기술력 부족 등으로 처음부터 완전한 시스템 구축이 어려웠고, 교통 체계, 생산 체계, 이용자 환경 등이 예측과 달랐지만, 공학은 타협하고 개선해서 오늘에 이르렀습니다. 기술적, 경제적, 시간적, 사회적으로 완전한 시스템이 가능하지 않았기에 공학은 타협했고 개선을 지속했습니다. 타협과 지속된 개선을 공학 기술이 선도했고, 주도했습니다. 공학은 시대를 반영하고, 현재 기술의 한계를 인정하지만, 필요 기술을 미래 기술로 인지하고 있기에 절대적이기보다는 상대적입니다. 어제보다 오늘이 낫고, 내일의 개선을 추구하는 것이 공학입니다. 일단 시작하고, 나중에 완벽하게 하세요. 그냥 그렇게 시작하세요. 이것이 공학입니다. 대한민국의 과학 기술에 대한 도전은 과학 기술이 아니었고, 공학 기술에 대한 도전이었고 극복기입니다. 19세기까지의 유럽과 20세기 미국을 제외하고, 대부분 나라의 과학 기술 도전은 공학 기술 도전이라는 표현이 정확합니다. 대한민국에서도 '과학 기술 입국'이 아닌, '공학 기술 입국'이 올바른 표현입니다.

우리는 알고 싶습니다. 우주의 기원, 물질의 구성, 생명의 기원이 궁금합니다. 과학은 절대적 진리를 향한 노력이 중요하고 사고의 지평을 넓혀 주기에 필요합니다. 그러나 21세기부터는 공학자의 시대입니다. 과학의 문제들이 다 해결되었다는 것이 아니고, 이제 이들은 입자 가속기, 중력파 측정기, 제임스웹 우주 망원경처럼 대규모 국가 과제가 아니면 인류의 생각하는 지평을 넓히기 어렵습니다. 반면에 공학은 문명과 기술, 그리고 현실을 바꾸며 진화하고 있고, 저변도 계속 확장하고 있습니다.

과학과 공학은 상호 보완적이지만, 공학이 대중 앞에 나가는 것이 시대 조류입니다. 그럼에도 불구하고, 과학을 앞세우는 분야가 너무 많습니다. 우주 기원을 이야기하고, 물질 한계를 이야기하고, 생명 기원을 이야기 하는 것이 멋있고 타당한 것처럼 보입니다. 그러나 과학은 사고의 지평을 넓힐 수 있지만, 문명을 우리의 삶을 변화시키지는 못합니다. 문명을 우리 삶을 변화시키고, 저변도 계속 확장하는 것은 공학이고, 이제는 공학이, 공대생이 앞서도 조금도 이상하지 않은 21세기 시대가 도래했습니다.

우리는 삼성, 현대, LG, 한화 등이 세계 조류를 이끌지는 못하지만 비슷하게 가고 있다고 생각하고, 그렇게 믿고 싶습니다. 아닙니다. 힘겹게 따라가고 있을 뿐입니다. 90년대 초부터 반도체 분야에 우수 인력이 오지 않기 시작했지만, 이제 이 정도면 되었다고 국가의 학술 지원 연구비를 줄였고, 그 결과가 반도체 인력 부족이고, 반도체의 위기입니다. 대만의 TSMC가 세계 반도체를 주도하고 있습니다. 수직 계열화 시대가 아닌 병렬화 시대에 대한민국은 병렬 기업, 중소기업이 부족해서 반도체 산업의 위기입니다. 이미 조선 산업은 한 번의 위기를 겪었고, 다시 위기가 올 것입니다. 자동차 산업도 고군분투 중입니다. 2022년 글로벌 배터리 사용량에서 중국의 CATL과 BYD가 1, 2위를 했고, LG가 12.3%로 3위, SKOn이 5.9%로 5위, 삼성SDI가 5.0%로 6위입니다. 한국의 3사를 다 합쳐도 23.2%로 CATL 한 회사의 37.1%에 한참 못 미칩니다. 가전 분야의 위기는 표면에 드러나지 않았을 뿐이지 중국에 많은 시장을 내주고 있습니다. K-방산이 있지만 역시 기술 차가 많이 납니다. 좋게 이야기해서 가성비이지 결국은 기술 격차가 가격 차이입니다. 삼성이 R&D센터를 베트남에 세웠습니다. 시대 흐름에서 젊은이 없는 한국을 더는 믿지 않는다는 뜻일 수 있습니다. 혹은 위기의식 없는 대한민국이 아닌 베트남에서 기업 활동에 전념하겠다는 생각일 수도 있습니다. 1980년대 의대 이외의 최고 점수가 생화학과였습니다. 전자과보다 높을 때도 있었습니다. 현재 대한민국에서 이들의 생산액은, 수출액은 하위권입니다. 의대도 마찬가지입니다. 이야기하기를 그 우수한 인력 데려다가 박카스와 비타500 외에, 외국인 의료 환자 몇 명 유치한 것 외에는 무엇을 했는지 종종 생각합니다. 보건 의료에 기여했다고 합니다. 공학은 그보다 많은 진보를 주었고, 심지어 문명도 바꾸고 있습니다. 전자 산업의 몇십 분의 일이고 한국 전체 수출 비중에서 미미해서, 대한민국 발전에 무엇을 어떻게 기여했는지, 고민하고 찾아보지만 없습니다. 그나마 코로나19 진단 장치가 작지만 유일한 의미입니다. 대한민국에 위기가 아닌 곳이 없습니다. 공학 기술의 위기지만 결국은 인력의 위기입니다. 정치권만 빼고 대한민국 전체가 위기입니다. 가장 늦게 어려울 곳이 정치권이기에 공천권 이외는 관심도 없고, 너무 태만하고 위기의식이 전혀 없습니다.

공학 기술만 아는 것은 고수가 아닙니다. 공학 기술을 알고, 공학 기술의 저변을 확장하고, 공학 기술을 통해 가치와 문명을 바꾸려는 자세가 고수의 자세입니다.

시대의 흐름을 읽어야 하고, 예측해야 합니다. 이런 수준과 환경이라면 한국은 지금의 반짝 영광으로 끝나고, 다시 변방의 그저 그렇고 그런 나라가 될 수밖에 없습니다. 공학 기술이, 공대생이 세계 조류를 잃는 순간 대한민국은 다시 1910년의 경술국치와 같은 하류 국가로 전락할 것입니다. 기업 사업 환경을 우호적으로 조성하고, 기업의 핵심인 인력에 투자해야 합니다. 대한민국이기에 성장할 때는 과학 기술 분야의 지원과 선정에 고심했지만, 이제는 선택과 집중을 해야 대한민국이 존재할 수 있습니다. 정체되고 하락하는 대한민국에서는 선택과 집중이 공학에, 공대생에게 집중되어야 합니다. 공대생이 대한민국의 주역입니다. 대한민국이 의지할 곳이 기술은 공학 기술이고, 인력은 공대생입니다.

2-8 성공은 무엇인가?

성공을 원하고 주위에 성공한 사람도 많습니다.

그런데 성공이 무엇일까요? 한국인에게 물으면 경제적 부를 성공의 기준으로 많이 제시합니다. 그러나 한국뿐만 아니라 외국의 경우도 경제적 부를 이룬 많은 사람이 그다지 행복하지 않습니다. 그래서 성공의 기준을 생각해 보아야 합니다. 경제적 부나, 사회적 기준 대신 나에게 성공의 기준을 맞춥니다. 내가 원하는 것이 무엇이고, 내가 행복한 것이 무엇인가 생각하면 조금 더 성공의 기준에 부합합니다.

성공을 나의 자아실현에 맞출 수도 있습니다. 나를 표현하고, 내가 만족하고, 행복하면 성공이라고 생각하는 것입니다. 보수는 적을 수 있습니다.

성공을 나에 대한 타인의 인정이라고 생각할 수도 있습니다. 우리는 사회적 동물이기에 나만의 자아실현으로는 부족합니다. 타인이 나의 능력과 가치를 인정해서 내게 소속감을 들게 하고 내가 필수 인력임을 자각할 때 성공의 기준, 행복의 가치에 도달할 수도 있습니다. 타인의 인정은 일의 가치, 나의 존재성과 함께 경제적 부도 동반됩니다. 타인의 인정을 다른 말로 하면 사회적 기준이기도 합니다.

두 가지 모두 성공의 기준이 될 수도 있고, 아닐 수도 있습니다. 한때는 성공했어도 시간이 지나고 후회하는 경우를 종종 봅니다. 본인의 확고한 신념에 따라 성공의 기준을 정의하고 선택했어도 환경에 따라, 시간에 따라 변할 수도 있습니다. 이것이 성공입니다. 그래도 본인이 기준을 가지면 후회를 덜 합니다. 기준을 가지고 전략을 취해서 행동해야 성공에 근접할 수 있습니다.

대한민국 밀레니엄 세대의 성공 기준은 기존 세대의 돈이나 명예보다 그들 기준의 다양한 가치를 성공의 기준이라 합니다. 자율적인 자기만족, 경제적 안정 추구, 능력 중심의 업적주의가 가능했으면 합니다. 삶의 의미와 선한 영향력, 독창적인 일을 더 가치 있는 것으로 생각하고 행복하다고 합니다. 다행입니다.

성공이 영원한 듯하지만, 영원하지 않습니다. 성공은 결과이지 과정이 아닙니다. 성공한 제국이었던 로마가 망했고, 진나라가 망했습니다. 개인도 이 기준에 크게 벗어나지 않습니다.

대한민국은 한때 선진국이 되는 것이 꿈이었습니다. 대한민국이 추격자(Fast Follower)일 때는 소위 선진국이 성공 모델이었습니다. 이들의 경로와 제품을 따르고 모방하면 되었습니다. 이제는 우리도 선진국이 되어, 따라서 할 나라나 기업이 많지 않습니다. 가치 창조, 가치 설계 국가가 되어야 합니다. 이제 대한민국의 성공 기준은 추격자(Fast Follower) 모델이 아닙니다. 새 기술과 새 가치를 설계하고 창조하는 것이 대한민국의 성공 기준입니다.

코닥이라는 회사가 있었습니다. 21세기까지는 필름 분야의 최고 강자였습니다. 아날로그 필름 분야의 성공 사례로 인용되다가 디지털 세계의 실패 사례로 자주 회자됩니다. 노키아라는 2G 핸드폰 회사가 있었습니다. 생산 효율성 극대화와 이윤 극대화 관점에서 세계 최고였습니다. 그러나 스마트폰 등장이라는 새로운 환경에 적응하지 못해서 순식간에 몰락하고 사라졌습니다.

경쟁은 혁신을 낳고, 독점은 이윤을 낳는다.

이윤을 생각하고 혁신을 등한시한 기업과 개인의 몰락사는 너무나 많습니다. 코닥은 아날로그 필름의 수익을 위해 디지털카메라 보급을 막습니다. 이 틈에 일본 디지털카메라 회사가 급성장합니다. 코닥은 시총

340억\$에서 2억\$로 순식간에 쪼그라들고, 결국 망합니다. 혁신은 막는다고 멈추지 않고, 막을 수도 없습니다. 기술 혁신은 지속됩니다. 혁신 힘듭니다. 대부분의 혁신은 실패합니다. 소비자의 욕구를 이해하지 못해도 실패하고, 기술 방향을 잘못 예측해도 실패하고, 너무 빨라도 실패하고, 너무 늦으면 당연히 실패합니다. 이 중에 한두 개가 살아남아 개인과 기업과 문명을 바꿉니다. 혁신을 멈추면 당연히 몰락합니다. 혁신해도 몰락합니다. 단기적 생존 전략과 장기적 생존 전략을 세워 몇 개의 실패에도 버틸 힘을 비축해야 합니다. 신생 창업사가 1번의 성공으로는 존속하지 못하고, 여러 번의 위기와 성공을 겪어야 자리 잡는 이유입니다. 마케팅, 인력 관리, 제품 개발 등의 내공이 그냥 생기지 않습니다. 1번의 성공은 성공이 아니라 몰락입니다. 기업 합병(Merge & Acquisition)을 시도하는 이유가 실패의 확률을 줄이고자 비용을 지불하는 것입니다.

성공하려면 앞으로 나아가야 합니다. 실패할 수도 있습니다. 그래도 원하는 것이 있으면 행동하고 시작해야 합니다. 생산자 입장으로 시작하십시오. 시작은 성공보다, 실패보다 더 중요합니다. 시작하지 않으면 무입니다. 시작하지 않는다는 것은 유한한 시간, 다시 오지 않을 시간을 그냥 흘려보내는 것입니다. 유한한 자원인 시간을 낭비하면 안 됩니다. 짧고 깊게 생각하고 시작하십시오. 그리고 성공을 위해 전략과 전술을 재수정하고, 정면이 아니면 우회해서라도, 전력을 다해 승부하고 성공하십시오.

공대생이 생각하는 성공은 사회적으로 가치 있는 일에 참여해서 기여하고, 이를 통해서 경제적 부를 얻고, 자존감도 높이는 것입니다. 모두 성취하시기 바랍니다.

2-9 임진왜란은 기술 전쟁이었다

    1592년 5월 23일은 일본군이 부산을 침략해서 벌어진 임진왜란 발생일입니다.
    '임진왜란은 일본을 통일한 도요토미 히데요시가 명나라를 치기 위한 일본의 조선 침략 전쟁이다.' 이렇게 우리는 알고 있습니다. 전투의 개요라던가 이런 것보다는 기술적인 부분만 생각해 보겠습니다.

    당시 조선은 당파 싸움이 심했지만, 조선 기술과 함포 기술이 일본보다 우세하였고, 개인 화기에서 조총에 열세였습니다. 전술적으로 보면 육상에서는 밀리고, 해상에서는 밀리지 않습니다. 육상에서는 크게 밀려 조선 국왕인 선조가 황해도 의주까지 피난 가게 됩니다.

    육상에 밀리던 이때 일본이 조선에서 취한 것은 무엇일까요. 가장 중요한 기술이 도자기 기술입니다. 그래서 임진왜란을 도자기 전쟁이라고도 합니다.

도자기는 토기와 다릅니다. 토기는 기원전 1만 2천 년 전에 발명된 것으로 보고 있습니다. 기원전 2600년경의 그리스 크레타섬의 미노아 물레로 만든 항아리가 최초로 알려져 있습니다. 유럽은 1709년 독일 마이센에서 도자기를 생산하기까지 토기가 주종이었습니다. 토기와 자기의 차이는 열처리 방식과 유약 사용 여부입니다. 초기 토기는 노 없는 노상 열처리로 제조해서 입자간 결합력이 약했습니다. 후기 토기는 열을 가두고 올리는 노를 사용해서 고온의 도질토기로 발전합니다. 도자기는 토기에 다시 한 번 유약이라는 막을 입혀 900℃ 이상에서 열처리해서 생산한 것입니다. 즉 토기와 도자기의 차이는 2차 유약 사용 여부입니다.

중국은 9세기경부터 청자기, 청백자, 청화 백자 등으로 발전합니다. 한반도에서는 11세기 이후부터 고려청자 전성기를 맞고 조선 초기에는 분청사기로 발전합니다. 유럽은 16세기까지 자기를 생산하지 못했습니다. 즉 임진왜란까지는 세계에서 도자기를 생산할 수 있는 나라는 조선과 중국, 그리고 베트남과 같은 소수의 국가밖에 없었습니다. 조선은 독보적인 고려청자 기술과 이를 이은 분청사기 기술도 가지고 있었습니다. 당시의 최고 기술이 도자기 생산 기술이었습니다. 지금의 반도체 기술에 해당합니다.

1592년 임진왜란을 일으킨 일본은 1,000여 명의 조선 도공을 강제로 데려가 가마를 열게 합니다. 이들 중 조선 도공 이삼평이 1616년 덴구다니 가마에서 일본 최초의 자기인 아리타 가키에몬 양식 자기를 생산합니다. 이후 채색화 자기로 발전합니다.

　5천 년 전 페니키아인 사막 야영지에서 발견한 유리 공예 기술 전통은 유럽에 있었습니다. 그러나 16세기까지 유럽에는 도자기 기술이 없었습니다. 16세기 말, 유럽과 중국의 무역 항로가 열립니다. 유럽 왕실 및 귀족들 사이에서 아시아 도자기는 최고의 사치품이 됩니다. 당시 자기는 보석보다 귀한 사치품이었습니다. 이들은 중국과 일본의 자기를 소장하여, 경제적 부를, 사회적 지위를, 그리고 신기술의 미적 감각을 과시합니다. 중국 강서성의 경덕진, 일본의 아리타 지역의 이삼평 자기가 유명합니다. 조선은 다수의 자기 가마가 있었지만, 도자기 및 기타의 세계 무역을 하지 않아, 무명이었습니다.

　유럽에서는 일본의 도자기를 기반으로 1709년 독일 마이센, 1743년 영국 첼시, 1774년 프랑스 세브르 자기 등이 생산됩니다.

　즉, 1592년 임진왜란 때까지 도자기 생산국은 중국과 한국, 그리고 베트남밖에 없었습니다. 한국 도공을 데려간 일본은 채색자기 등을 발전시켜 세계 교역에 참여하고, 이후 서양 문물을 적극 도입합니다. 이를 기반으로 근대화하여 국력을 신장시키고, 조선을 합병하고, 태평양 전쟁을 도모하며 부침을 겪습니다.

조선은 세계 최고의 도자기 기술을 가졌지만, 세계 교역에는 무관심했고, 기술 천시와 중국 중시로 1910년의 경술국치를 맞은 것입니다. 당시의 조선 국력은 너무 약했습니다. 1894년 11월 20일, 충남 공주의 우금치 전투는 동학 혁명군의 마지막 전투였습니다. 화승총과 농기구로 무장한 2만 명의 동학 혁명군에 맞서기 위해 요청된 일본군은 개틀링 기관총과 신식 무기로 무장한 200여 명이었습니다. 공주의 우금치 전투는 동학 혁명군의 대패로 끝납니다. 그리고 1910년에 조선은 합병됩니다. 이것이 국력 차이입니다. 기술 차이입니다.

1520년 스페인의 코르테스가 이끄는 550명에 의해 2천5백만 명의 멕시코 아즈텍 문명이 멸망합니다. 1533년 스페인의 피사로가 이끄는 160명에 의해 6백만 명의 안데스산맥 잉카 문명이 멸망합니다. 또 다른 기술과 문명의 차이로 멸망한 예입니다. 시기와 과정은 다를지 몰라도 결과만 비교하면, 조선과 아즈텍 문명, 그리고 잉카 문명 간의 차이를 발견하기 어렵습니다.

1차 산업 혁명을 일으킨 영국은 대영 제국을 이루었으나 2차 대전을 끝으로 제국의 지위에서 내려옵니다. 제국은 어느 정도의 인구와 함께 영토를 유지하고 관리할 수 있어야 합니다. 1차 산업 혁명 초기에 영국은 이것이 다 가능했습니다. 그러나 20세기 초가 되면 제조업, 산업체의 혁신보다는 금융업을 통한 부의 창출에 치중합니다. 즉 투자하고 배당받는 것을 선호하여 직접 사업체를 하는 것을 꺼립니다. 산업 육성을 위한 도전 정신과 기술 혁신을 등한시합니다. 오늘날의 영국을, 영국 도시를 금융 중심지라 하지, 산업체의 중심이라 하지 않습니다. 이제는 영국을 강대국이라, 제국이라 칭하지 않습니다. 미국에는 뉴욕과 같은 금융 중심 도시도 있지만, 제조업 중심 도시도 많습니다. 창조와 혁신이 끊이지 않는 제국입니다.

한국에는 세계 최초의 금속 활자 기술도 있었습니다. 1102년 고려 숙종 때가 최초라 하나, 1372년 고려 공민왕 때의 직지심체요절이 세계 문화유산으로 남아 있습니다. 1447년에 인쇄업자인 구텐베르크가 금속 활자를 사용해 성서를 인쇄, 보급하였습니다. 이를 기반으로 인쇄 산업이 활성화되고 지식 보급이 활발해졌습니다. 우리는 서양보다 금속 활자 기술이 100여 년 이상 앞섰습니다. 그러나 인쇄기의 개발이 없어서 탁본과 유사하게 인쇄하여 인쇄 효율이 낮았습니다. 더구나 한자 문화권이라 수천 개의 한자 글자 수에 기인한 활자 주조 문제, 주조 재료인 구리의 확보 문제, 시장성 등으로 인쇄물의 대량 인쇄와 보급이 어려웠습니다. 즉 개발은 앞섰으나, 인쇄 문화와 주변 기술이 없어서 문화 보급, 지식 확산보다는 세계 최초 타이틀만 갖게 되었습니다.

임진왜란과 금속 활자뿐이겠는가?
전설의 폰인 모토롤라 레이저폰이 있었습니다. 한국인이 디자인해서 여러 곳에 제안했지만 거절되었습니다. 결국 외국 기업인 모토롤라에서 채택되어 1억 3천만 대가 팔렸습니다. 2010년에 구글의 핵심인 안드로이드 OS를 인수할 것을 한국 기업에 제안했으나 거절당합니다. 오늘날 한국은 S/W에 종속된, 핸드폰의 H/W 생산국일 뿐입니다. 안드로이드는 구글에 인수되었습니다. 그 외에도 수많은 기술이 통찰력 부족, 보유 기술의 과신, 역량 부족 등으로 사장되거나 익힐 수 있는 기회가 사라졌습니다. 그런 기술들이 경쟁사에서 경쟁국에서 되살아나고, 기술 혁신으로 재무장해서 우리를 역공하고 있습니다.

한국과 일본의 엇갈린 행보로 인한 국력 차이가 임진왜란에서 시작됩니다. 역사에 가정은 의미 없다지만, 조선이 임진왜란 전후에 도자기 수출을 시작하여 국력을 신장시켜 만주와 시베리아까지 우리가 진출했다면, 오늘의 절해고도 대한민국은 아닐 거라는 것을 상상합니다. 제국적인 사고라 할 수도 있지만 꿈이라도 행복합니다. 그런데 꿈은 꿈이고, 과거는 과거이기에 현실은 지금입니다.

임진왜란이라는 시련의 역사를 잊으면, 오늘 다시 임진왜란의 고통이 되풀이될 수 있습니다. 지금이 대한민국 5천 년 역사에서 가장 좋다고 합니다. 그러나 남북문제, 고령화, 세계 블록화 등으로 대한민국은 혼란합니다. 지금 잠깐의 영광을 끝으로 대한민국이 사라질 수는 없습니다. 기술 전쟁에서 승리하는 것만이 대한민국을 이끌 것입니다. 기술 전쟁의 핵심 주력 부대인 공대생의 승리가 대한민국의 미래입니다.

2-10 독립운동가는 어떤 분인가?

국가 기념일에 국내외 독립 유공자 소식을 듣습니다. 그런데 대부분은 힘들다고 합니다. 당연합니다. 그들의 할아버지들은 집안 논밭을 팔고, 가족을 버리고, 오로지 조국 독립을 위해 만주로 중국으로 가셨습니다. 어떻게 보면 조국 독립의 대명제 속에, 가족이라는 소명제가 희생되었으니, 힘든 것은 당연합니다.

이들은 어떤 분인가?
1910년 8월 29일 한일 병합(경술국치) 전후의 독립군 투쟁기입니다.

1909년 10월 26일 안중근 의사의 이토 히로부미 암살
1919년 3월 1일 3.1 만세 운동 시작
1920년 6월 6일 홍범도 장군의 천2백 명에 의한 만주 봉오동 전투

1920년 10월 21일 김좌진/홍범도 장군의 3천 명에 의한 청산리 대첩
1932년 4월 29일 이봉창/윤봉길의 홍커우 공원 폭탄 투척 의거
1942년 공식 미군 문서에 339명의 독립군이 있다고 기록됩니다.
1943년 일본군 5,330명 모집에 조선인 303,400명이 지원합니다.

크고 작은 독립 활동이 있었지만, 상기와 같이 요약됩니다.

독립군 활동은 1919년 3월 1일의 3.1 만세 운동을 기점으로 활발해집니다. 이 당시 조선의 인구는 3천만 명 이하로 추정됩니다. 독립군 숫자도 4천 명 이하로 추정됩니다. 1919년경에는 인구 만 명당 1명이 독립군입니다. 이 숫자가 1942년에는 10만 명당 1명이 독립군입니다. 최대일 때 만 명당 1명, 가장 적을 때는 10만 명당 1명이 독립군입니다. 우리 학교 학생이 대략 2만 명이니, 1919년경에는 2명의 독립군이 나왔고, 1940년경에는 1명도 없습니다. 그렇습니다.

그런데 1943년 일본군 5,330명 모집에 조선인 303,400명이 지원합니다.
대략 1대 57의 경쟁률입니다. 2차 대전 태평양 전쟁 중일 때 독립군은 조선인 10만 명당 1명일 때, 일본군 지원 조선인은 10만 명당 100명입니다. 1대 10도 아니고 1대 100입니다. 평범한 조선인 가문은 일본이 대동아 공영을 이루고, 중국과 남방 영토를 확장할 때 참여해서, 일본인으로 거듭나고 싶은 욕망을 나타내는, 조선의 한 지표입니다. 지배당하도

록 둔 위정자가 1차 잘못입니다.

   2차 대전 당시 프랑스의 자유 프랑스 정규군은 15만 명, 레지스탕스 숫자는 약 20만 명으로 추산하고 있습니다. 백범 김구의 독립군은 3백여 명뿐입니다. 그래서 미국은 1947년 조선을, 한국을 2차 대전의 전범국으로 지정하려 했습니다. 조선인 전쟁 범죄자는 148명이었고, 23명이 처형되었습니다. 일본의 태평양 전쟁을 적극적으로 후원한 나라가 조선이라는 것입니다. 이승만 정부의 반대와 육이오로 유야무야(有耶無耶) 되었습니다.

   생각했던 독립군 숫자가 너무 적습니다.
   전범국이라니, 너무 당황스럽고, 너무 불편합니다.
   그래도 역사적 사실입니다.

   독립군은 10만 명당 1명뿐입니다.
   이분들이 독립군입니다.
   더 이상 말이 필요 없습니다.
   이들이 있었기에 우리는 일제 치하에서 조상들이 독립을 위해 노력하고 투쟁했다고, 그나마 덜 치욕스럽다고 이야기합니다.

   영국 언론인 멕켄지의 1907년 항일 의병 취재기입니다.

의　병: 오늘 아침에 전투가 있었습니다. 일본군 4명을 사살했고, 우리 측은 2명 전사, 3명이 부상을 입었습니다.

멕켄지: 2배의 전과를 올리고도 쫓기는 이유는?

의　병: 일본군은 무기가 우리보다 훨씬 우수하고 훈련이 잘된 정규군입니다. 우리 의병 2백 명이 일본군 40명에게 패한 적도 있습니다.

멕켄지: 일본을 이길 수 있으리라 생각 합니까?

의　병: 힘들다는 것을 알고 있습니다. 어차피 싸우다 죽겠지만… 좋습니다. 노예가 되어 사느니 자유민으로 죽겠습니다.

멕켄지: 전 솔직히 한국보다 일본에 호감을 갖고 있었습니다. 그러나 직접 한국을 돌아본 결과, 일본군이 양민을 학살하고 비인도적 만행을 서슴지 않는 반면, 한국인은 비겁하지도, 자기 운명에 무관심하지도 않다는 것을 알게 됐습니다.

그런데 독립군들의 후손들에 대한 지원은 너무 미미합니다. 대부분은 너무 힘듭니다. 3대가 아닌 5대, 10대까지 충분히 보상해도 우리는 미안합니다. 1990년까지의 국가 인정 독립 유공자 수는 770명이었습니다. 독립 유공자 후손에 대한 지원은 1962년에 시작되었으나, 지원은 학자금 이외는 거의 없었습니다. 구성원을 보면 독립운동가의 고위직 일부를 제외하고 대부분 피지배 계층입니다. 고위직 양반도 지방 사람이 대부분입니다. 즉 수도의 양반은 일제의 사회 구조적 수탈에 적극 협조하여 부귀영화를 누린 것입니다. 1990년 이후 지원은 강화되고 있으나, 지원의 절대액이 적습니다. 그것마저도 독립 유공자 후손 증명이 어려워, 가난의 대물림은 지속됩니다. 이러한 1차적인 이유는 독립이 우리 손이 아닌 외세의 도움으로 이루어졌기 때문입니다. 여기에 남북으로 분단되어 혼란이 가중된 상황도 일조했습니다. 일제 청산이 충분히 안 되었고, 국가의 지원 체계도 미비합니다. 이로 인하여 독립운동가 후손들이 가난을 벗어나기는, 이미 가난의 대물림 수렁에서 헤어 나오기는 힘든 구조입니다.

독립운동하면 3대가 망하고, 친일하면 3대가 흥한다는 말이 없도록 해야겠습니다.
애국이 보상받는 나라가, 애국을 생각하는 우리가 되었으면 합니다.

나라를 잃는다는 건, 하기 싫은 가정입니다.
나라면 독립운동가가 될 것인지 자문해 보시기 바랍니다. 힙합 가수 션이 있습니다. 독립운동가 후손 중 어렵게 사시는 분들을 위해 집 지어주기 운동을 하고 있습니다. 션은 말합니다. "누군가 해야 되는 일이기에 내가 합니다."

독립운동가는 그들의 가정을 언제 올지 모를 독립 국가에 바쳤고, 그들의 꿈을, 그들의 미래를 우리에게 선물한 분들입니다.

2-11 대한민국은 선진국이 되었는가?

    대한민국 1인당 국민 소득이 3만 달러가 넘었습니다. 육이오가 종전된 1953년에는 1인당 명목 국민 총소득(GNI: Gloss National Incom)이 67$였던 세계 최빈국에서 3만$ 이상까지 높아졌습니다. 국민, 정치가, 기업가 모두가 노력한 결과입니다. OECD(Organization for Economic Cooperation and Development) 회원국도 되었습니다. 해방, 육이오, 4.19, 5.16, 베트남전 참전, 1, 2차 오일 쇼크, 광주 민주화 운동, 신군부, 민주화, IMF, 세계 금융 위기, 그리고 우크라이나-러시아 전쟁을 거쳤습니다. 글로 쓰기는 쉽지만, 굴곡 굴곡이 눈물과 희생, 그리고 도전의 극복기입니다. 육이오 전쟁을 제외한 가장 큰 사건은 보호주의 한국이 경제 주권을 상실한 IMF일 것입니다. IMF를 계기로 금융 자본 개방화와 신자본주의에 노출된 한국 경제입니다. IMF로 한국 경제 시스템이 완전히 바뀌었습니다.

모든 것은 하루아침에 되지 않습니다. 피와 땀과 눈물과 노력, 그리고 많은 희생이 있었을 것입니다. 이러한 것들이 있었기에 하나씩 꽃이 피는 것입니다. 국제 사회에서 제조 상품들과 함께, 영화, 게임, 음악, 그리고 K-방산 등 열거할 것이 많습니다. 한국인을 위한 국뽕도 있겠지만, 그래도 대한민국이 많이 성장했다는 것을 우리는 압니다.

국민 소득 기준으로는 3만$를 넘어 선진국에 진입했다지만, 사회적, 외교적, 경제적, 정치적으로 선진국이 되었는지는 되돌아보아야 합니다. 결론은 소득 기준으로는 선진국에 진입했지만, 기타 분야에서는 선진국과 거리가 있습니다. 4대 연금이 적자를 향해 가고 있습니다. 자산 가치가 급등하고, 청년 실업률이 높아 청년층이 결혼을 미루거나 안 합니다. 수명 연장으로 고령층이 증가하고 있습니다. 청춘과 중장년의 시대를 모두 바쳐 열심히 일했지만 사회 시스템의 뒷받침이 없기에 70세까지 일을 해야만 합니다.

한때 집에서 식물을 키웠습니다. 화분 갈이 때가 되면, 영양과 수분을 찾는 식물의 잔뿌리가 너무 많고, 엉켜 있는 것을 봅니다. 살기 위한 투쟁이 애처롭기까지 합니다. 뿌리가 60대 이상입니다. 기둥과 줄기가 50대 40대입니다. 가지가 30대입니다. 잎과 꽃이 20대입니다. 공기와 햇빛과 수분이 20대 이하 연령의 자식들입니다. 퇴직은 했고, 자산은 부족하고, 사회 보장 시스템은 불안정하니 60대 이상도 저임금 근로를 찾아 돌아다닙니다. 60대를 보니 30대, 40대, 50대도 불안합니다. 잎과 꽃이 예전 같지 않습니다. 번식을 안 합니다. 모두 고사합니다. 대한민국이 이렇게 되어서는 안 됩니다.

눈에 보이는 것 외에도 생각할 점이 많습니다. 한국은 압축 성장했고, 그 성장의 전제는 보호주의와 국산품 애용입니다. 현재의 기득권이라고 볼 수 있는 40대 이상은 IMF를 체험한 세대입니다. IMF 이전에 보호주의 그늘에서 교육 받고 성장한 세대입니다. 냉혹한 국제 질서에 적응력이 부족합니다. 특히 50대 이상은 기득권이고, 대한민국의 책임자이지만 국제 관계에 너무 무지합니다. 보호주의는 국가 성장이 국가(정부), 기업, 국민(가계)의 3축으로도 성장할 수 있다는 의미입니다. 해외 경제를 오직 수출하는 경우만 생각합니다. 이제 한국은 개방화되었고, 내수 비중이 작은 세계 교역 국가이기에 해외 경제, 대외 경제가 큰 비중을 차지합니다. 위정자들이, 특히 법을 제정하는 사람들이 한국 경제에서 해외 경제가 차지하는 비중을 이해해야 합니다. 그래서 법과 제도를 개선해서 국제 기준(Global Standard)에 맞게 고쳐야 합니다. 국제 기준(Global Standard)이란 우리의 국내 기업과 외국 기업들을 동등하게 대하자는 것이 아니고, 우리 기업이 국내에서 국외에서 불이익을 받지 않도록 하겠다는 것입니다. 즉 우리 기업의 대내외 경쟁력을 뒷받침하겠다는 우리의 의지가 국제 기준(Global Standard)입니다. 진정한 국제 기준(Global Standard)은 없습니다. 자국 기업 우선주의를 국제적으로 미화해서 표현한 것이 국제 기준(Global Standard)입니다. 세계는 자국 기업을 우선하는 보호주의를 강화하고 있습니다. 1995년 설립한 세계 무역 기구(WTO)는 회원국의 무역 자유화를 통한 세계의 경제 발전이 목표였습니다. 이제 미국은 WTO에 관심이 없습니다. WTO가 미국에, 미국 기업에 이익이 되지 않는다는 것을 알았기 때문입니다. 이것이 강국의 국제 기준(Global Standard)입니다.

2022년 5월 조세 재정 연구원 분석에 따르면 우리나라 실효 세율(지방세 포함)은 2019년 21.4%로 미국(14.8%), 일본(18.7%), 영국(19.8%) 등에 비해 높습니다. 우리는 압니다. 기업체의 성장에 따른 낙수 효과는 없고, 낙수 효과는 정치적 구호라는 것을 압니다. 기업은 사업 환경을 우선으로 하지 법인세 낮춘다고 투자하고, 고용을 증가시키지 않는다는 것을 압니다. 서민 경제가 그럴 듯하지만 알맹이가 없습니다. 기업체 없는 서민 경제는 정치가의 구호입니다. 애석하지만 대한민국의 최첨단 기업도 해외 경쟁에 힘들어합니다. 내수에 신경 쓰기 어렵습니다. 그래도 우리를 지킬 일차 방패가 국내 기업체입니다. 국내 기업체가 대한민국의 병풍이라는 것을 알아야 합니다. 국민 개개인에게 낙수 효과는 없지만, 대한민국의 외풍을 막아줄 일차 방패가 국내 기업체입니다. 표를 의식한 서민 경제, 부자 감세 구호보다는 국내 기업체가 외국 업체와 경쟁할 수 있도록 국제 기준(Global Standard)에 맞는 제도를 확립해야 합니다. 국내의 불합리한 기준으로 국내 기업체를 외국으로 나가도록 종용해서는 안 됩니다. 대한민국에서 기업체들이 성장하도록 정치가 지원해야 합니다. 이것이 서민 경제이고 서민 정책입니다. 세상은 불공평합니다. 불공평한 세상이기에 최소한 비빌 언덕이 필요합니다. 국내 기업체가 없는 대한민국은 불공평을 논할 판 자제가 없는, 비빌 언덕도 없는 후진국일 뿐입니다. 법을 만드는 정치가 국내 기업을 적극적으로 지원했으면 합니다. 노동자의 건강권 보장과 저녁 있는 삶을 구호로 했던, 주 52시간 근무제가 변하고 있습니다. 기업체는 일할 시간이 부족하다고 하고, 일부 근로자는 시간이 줄어 소득이 준다고 합니다. 노동 시간은 OECD 상위권입니다.

한국은 제국의 경험, 즉 타국을 지배하거나 영향력을 행사한 적이 없습니다. 제국주의 혹은 식민주의는 국경 밖으로 자국의 국가 주권을 확대해서 영향력과 지배력을 확대하는 것을 말합니다. 처음에는 군사적 측면으로 시작하지만, 정치적 측면, 경제적 측면, 그리고 문화적 측면의 순서로 자국 주권을 확대하는 것이 제국주의입니다. 여기에 강압도 있지만, 타협과 양보도 필요합니다. 제국이었던 것이 자랑도 아니지만, 대한민국은 제국이 되어 본 적이 없습니다. 그래서 대한민국은 대한민국의 이익만 추구하다 보니 한국 외교는 폭이 좁습니다. 소국은 타국에 대해 단기적 전술적으로 생각해서 이익이 있으면 친구고, 동지고, 전우라고 생각합니다. 그러나 이익이 없으면 남이고 적입니다. 제국은 단기적으로는 이익이 없는 손해일지라도, 장기적으로 전략적 가치가 있으면 투자하고, 친구고 아군으로 생각해서 지원을 아끼지 않습니다. 우리의 시야는 장기적이지도 전략적이지도 못해서, 즉 단기적이고 좁아서, 외교 전선은 미국, 중국, 일본밖에 없습니다.

미국이 원하면 한다.

중국이 싫어하면 안 한다.

일본이 요구하면 침묵한다.

소위 상전 외교, 심기 외교, 침묵 외교입니다. 물론 미국, 중국, 일본, 러시아와 같은 4강의 지정학적 중심에 대한민국이 있고, 이들의 영향을 받기에 이들 국가와 긴밀히 협력해야 합니다. 대한민국은 국가는 크지 않고 제국적 경험이 없더라도, 생존을 위해서 제국적 생각, 전략적 사고가 절실히 필요합니다. 무력 행사와 같은 제국적 행위가 아닌 장기적이고 전략적인 제국적 생각을 가져야 합니다. 그러면 대한민국은 제국이 될 수는 없어도 강소 국가는 될 수 있습니다. 4강 이외의 다른 국가들이 우리의 시장이 될 수는 있지만, 협력자, 동반자가 될 수 있다는 제국적 생각이 빈약합니다. 자원이 취약하고 땅이 좁아서 우리가 가진 것은 인력과 기술뿐입니다. 인구가 줄면 기술도 위협받습니다. 부족한 사회 시스템이 더욱 취약해집니다. 세계는 약육강식의 원리가 지배한다지만, 먹히는 것을 걱정하는 나라들이 있습니다. 또 역사적, 종교적, 그리고 발전 모델로서 대한민국에 호감을 가진 나라들도 많습니다. 이들이 우리의 동지이고, 협력자입니다. 외교의 지평을 넓히고, 우리와 공감할 수 있는 국가를 찾아야 하고, 실제로도 많습니다. 무력 행사와 같은 제국적 행위가 아닌 장기적이고 전략적인 제국적 사고를 갖고, 이들과 도움을 주고, 도움을 받는다면, 상호 호혜의 정신이면 대한민국은 강소 국가가 될 수 있습니다.

또 다른 위기는 탄소 중립(Carbon Neutrality) 경제입니다. 다른 말로는 탄소 제로(Carbon Zero)이고 지구 온난화 문제를 의미합니다. 탄소 발생이 없는 수소, 태양광, 풍력 등의 친환경 에너지를 사용해서 화석 연료 사용에 따른 탄소 발생이 없도록 하거나, 발생된 탄소를 저장 혹은 재생하는 것입니다. 들판과 지붕 위의 수많은 태양광 전력과 산과 바다의 풍력 발전이 친환경 전력입니다. 자연조건 지배적이라 운영에 어려움이 많습니다. 수소 경제는 아직 활성화되지 않았습니다. 대한민국은 세계 7위의 탄소 배출국입니다. 일본 후쿠시마의 원자력 사고를 기점으로 세계가 원자력 위험을 제거하기 위해 원자력 폐기를 정치 구호로 약속합니다. 한국도 여기에 동참했습니다. 경제를 지탱하고 유지하는 에너지 위기입니다. 아랍 에미리트(UAE: The United Arab Emirates) 1,000디나르(약 35만 원) 화폐에 대한민국이 수출한 원자력 발전소가 도안됩니다. 우리 기술이 외국 화폐에 도안된 최초의 사례일 것입니다. 최초의 사례일 뿐 아니라 화폐 도안에 채택된다는 의미가 작지 않습니다. 원자력 위험은 작지 않습니다. 그러나 탄소 중립 경제를 위한 수소 경제가 활성화되기까지, 한국에서 원자력 이상의 대안을 찾기가 쉽지 않습니다. 안전에 많은 신경을 쓰며 새로운 발전 환경 구축이 필요합니다. 배터리, 모빌리티, 물류, 우주 산업 등이 한국에서 그리고 세계에서 신기술 태동기이지만, 에너지 없이는 불가능합니다. 국가의 준비 부족으로 국내 기업들이 탄소 국경세와 같은 세계 탄소 경제의 유탄을 맞을 수 있습니다. 유사 개념의 ESG(Enviroment Social Governance)도 있습니다.

정치 위기와 국가의 리더십 부족이 한국의 최대 위기입니다. 어제와 오늘 일이 아닙니다. 김대중 대통령 이래로 정치 위기는 일상이 되었고, 여야의 대립은 극한에 이르고 있습니다. 항상 국민을 위한다지만 국가의 미래와 국민의 삶은 안중에도 없습니다. 오직 공천권에만 목맨 충성 경쟁뿐입니다. 성공의 영광만 기억하는 선진국 함정 이상의 위험이 정치권입니다. 말뿐이지 누구도 책임지지 않습니다. 대통령은 야당을 탓하고, 야당은 여당과 대통령을 탓합니다. 책임의 분산입니다. 너도 잘못했고, 나도 잘못했으니, 모두의 책임이랍니다. 그러나 이와 같은 분산 책임은 아무도 책임지지 않고, 방기하는 것과 같습니다. 대통령 선거와 국회 의원 선거를 동시에 실시해서, 책임 정치의 기반이라도 다져 주기를 국민은 원합니다. 아직 대한민국의 선거 제도는 굳건하니, 못하면 다음 선거에서 심판하면 됩니다. 동시 선거에 대한 논의는 잠깐 나왔다가 사라지고 논의도 없습니다. 대한민국의 최대 위기는 정치 위기이고, 아무도 책임지지 않는 시스템이 문제입니다. 아무도 기대하지 않는 정치를 왜 하는지 모르겠습니다. 섬에 가서 자기들끼리 열심히 싸우면 될 것을! 법은 국회 의원이 만듭니다. 그래서 사회에 존재하고, 위기를 키웁니다. 정부는 규제와 세금으로 운영되고, 국회는 규제보다 상위의 법을 만들 수 있습니다. 그러면서도 정치권은 공천권에 목숨을 걸고, 국가와 국민의 삶에 무관심한 듯 보입니다. 그래서 대한민국이 위기고, 위험합니다. 대한민국은 디지털 세상으로 바뀌었습니다. 그런데도 정치권만은 좌파, 우파, 그리고 보스 정치로 이야기되는 해방 후의 정치 지형 그대로, 아날로그 지형 그대로입니다. 아날로그 정치에서 한발도 나가지 않습니다. 나가기를 거부합니다. 지금이 제일 좋답니다. 20년 정도 지나면 강산이 10번 변한다는 100년입니다. 100년 동안 안 바뀌고, 일관되게 아날로그 정치를 해도 생존할 수 있는 정치 행태가 신기하기까지 합니다. 철밥통이라는 대학도, 공무원 사회도 디지털로 전환되고 있고, 전환에 몸부림칩니다. 정치권만 무풍지대, 80년 전이나 지금이나 일관되게 같습니다. 공대생도 정치 개선안을 제시합니다. 답답합니다. 공대생의 정치 참여가 비정상적이지는 않지만, 공대생은 제품과 연구 개발만 하기에도 여력이 없습니다.

한국의 선진국 항해에 걸림돌이 되는 것에는 경제 성장률 저하, 고령화, 청년 실업률, 출산율 저하, 정치의 후진화 등이 열거됩니다. 이들은 개별적이지 않습니다. 밀접하게 연관되어 있습니다. 그동안은 경제 성장률이 높았습니다. 삶의 질과 의료 기술이 발전합니다. 수명이 연장되고, 고령화가 진행됩니다. 대한민국이 선진국에 진입하고, 자산 가치는 급등하고, 세계적 경기 침체로 경제 성장률이 낮아집니다. 각자의 삶에 그늘이 집니다. 기업은 대응하려 신입 사원을 안 뽑거나 줄이고, 조기 퇴직도 실시합니다. 청년 실업률이 증가합니다. 2022년 고용노동부가 발표한 청년 고용률은 약 42%, 통계청 발표의 청년 체감 실업률이 약 25%입니다. 청년 실업률이 높고, 자산 취득이 힘드니 생존을 위해 번식을 줄입니다. 즉 결혼을 미루거나 안 합니다. 출산율이 급감합니다. 또 경제 성장률이 낮아집니다. 누군가는 이 순환 고리를 끊어야 합니다. 미국은 1929년의 경제 공황을 후버댐 건설의 뉴딜 정책, 2008년의 경제 위기를 지식 정보 산업과 .com 벤처 기업 육성으로 이 악순환의 고리를 끊습니다. 대한민국의 악순환 고리를 끊을 곳은 정치권이고 국가입니다. 그러나 난망합니다. 여야의 대립은 극에 달하고 있기에 정치에 더는 기대하지 않습니다. 최소한의 기대는 제발 총선과 대선을 일치시켜 책임 정치의 기틀이라도 마련하는 것입니다. 정치권이 경제 발목을 잡지 말기를 기업체는 바랍니다.

대한민국은 선진화되었습니다. 그러나 국민 소득 관점입니다. 국민들은 사회적으로, 외교적으로, 경제적으로, 정치적으로 선진화를 체감하지 못하고 있습니다. 모든 분야에서 선진화되어야 진정한 선진국 대한민국입니다.

진정으로 국민을 생각하는 정치, 기업을 지원하는 정치가 대한민국에 주어지기를 원합니다. 외교의 지평도 넓혀야 하고, 경제 활성화로 청년 실업률도 낮추어야 합니다. 힘들고 어렵습니다. 가진 것은 인력과 기술뿐인 대한민국은 공학 기술과 경제만이 우리의 대안입니다. 제국적 사고를 하는 창의적이고 열정적인 공대생이 한국의 미래입니다. 기술을 갖춘 공대생이 일할 기회, 꿈을 펼칠 기회가 많아야 진정한 선진 대한민국입니다.

2-12 우리의 도덕 수준은 높아졌는가?

기원전 428년, 플라톤은 아테네의 명문가에서 금수저로 태어납니다. 플라톤은 스승인 소크라테스가 삶을 숙고하며 살라고 하다가, 권력자들 반감으로 독약을 먹고 죽는 것을 보고서 상심이 컸습니다. 아테네를 떠난 플라톤은 어쩌다 노예로 팔려 갑니다. 노예인 플라톤을 발견한 퀴레네인이 몸값을 지불하고 자유인으로 풀어 줍니다. 플라톤은 아테네 돌아가서, 몸값을 지불하겠다고 합니다. 퀘레네인은 플라톤을 자유인으로 풀어 준 것이 자기 기쁨이라고 하며 거절합니다. 아테네에 돌아간 플라톤은 이 돈으로 세계 최초의 대학, 아카데미(Academy)를 세웁니다. 그리고 교문에 이런 글을 새깁니다. "기하학을 모르는 자는 아카데미에 들어오지 마라." 멋진 말입니다. 그 시대도 고대인이, 철학자가 보기에는 혼탁한 세상이었고, 여기에 오로지 증명이 가능한 기하학만이 완전체로 보였을 것입니다. 플라톤이 말 중 가슴에 와닿은 글 중 하나가 있습니다.

"정사각형의 대각선 길이가 무리수라는 사실을 모르는 사람은 인간이라는 이름값을 못 하는 사람이다."라는 것입니다. 중학교 때 기하학 증명을 배웠고, 이것도 증명했을 테지만 다 잊어버렸습니다. 수년 전에 이 글을 보고, 이제야 이름값 하는 사람 축에 듭니다. 우리는 가난 속에, 일 속에, 그리고 욕망을 추구해서 순수를 잊어, 잃어버렸습니다.

나는 사회학과가 무엇인지 몰랐습니다. 아니 그 기능을 이해 못했습니다. 왜 못 사는 것을 나라가 도와주는지 최근에서야 이해했습니다. 가난은 개인 책임이라고만 생각했습니다. 아닙니다. 사회의 시스템에 의해 노력해도, 힘들어도 더는 어찌할 수 없는 사람을 위해 국가가, 사회 시스템이 나서야 합니다. 이게 세계 10위의 나라가 할 일이고, 사회학과의 역할이라고 생각합니다. 도움 주는 사람, 도움 받는 사람, 서로가 상대방을 고려해야 합니다. 도움 줄 수 있는 사람은 능력자고, 성공한 자고, 우월한 자가 아닌 겸손을 가진 자여야 합니다. 본인의 성공 80%는 조상이, 부모님이 고생하며 구축한 대한민국 인프라 덕이고, 상대적으로 운이 더 좋았다는 것을 인지해야 합니다. 도움 받는 사람도 위축될 필요가 없습니다. 당당해도 됩니다. 생계와 같은 기본적인 최소한의 도움은 당연히 국가가, 시스템이 해야 한다는 것을 알아야 합니다. 오늘 도움을 받아 살지만, 이것을 기반으로 노력해서, 일어나서 나도 도움을 줄 수 있는 사람이 되겠다는 의지가 있으면 됩니다. 도움 주는 사람은 겸손을, 받는 사람은 일어날 의지가 필요합니다. 영화배우였던 고 강수연의 말입니다. 우리가 돈이 없지, 가오(품위, 역량)가 없나?

20대 대통령 및 지방 선거가 끝나고 지자체의 시혜성 퍼 주기 공약 이행 문제로 기사가 종종 뜹니다. 국가나 사회 시스템에서 소외된 사람, 힘들고 어려운 사람보다, 표를 위해 예산도 없는데, 당장 모두에게 나누어 주겠답니다. 이게 가능한 일인가요? 위정자가 자기 주머니에서, 자기 돈이 나가면, 저렇게 하겠습니까? 자기 주머니에서 나가지 않으니까? 세금이니까? 당장은 자기 임기 내에 영향이 적으니까? 퍼 주는 것입니다. 위정자들이여! 네 주머니에서, 네 돈이면 그렇게 하겠습니까? 위정자들이여! 네 주머니 여세요. 네 것 주세요. 우리 것, 우리 세금 말고!

우리는 지하철을 타기 전에 승차권을 검사하는 기계를 반드시 통과해야 합니다. 유럽, 북유럽에 가면 승차권 검사 기계가 없는 나라가 많습니다. 승차표를 검사하는 기계의 유지 보수도 나름 비용입니다. 북유럽은 시민 의식이 높으니 여기에 비용을 들이지 않습니다. 대한민국은 표 검사 기계의 구입과 유지 비용보다 기계가 없어서 생기는 무임승차 비용이 더 많습니다. 그래서 표 검사 기계 시스템을 유지하고 있습니다. 즉 시민의 도덕의식이 낮아서, 승차표 검사 기계가 여전히 필요합니다.

흥사단 투명 사회 운동 본부(www.cleankorea.net)에서 2019년 대한민국 청소년 및 성인(직장인)의 정직 지수를 발표했습니다. 성인의 정직 지수는 60.2점으로 청소년의 정직 지수 77.3보다 낮게 나왔습니다. 학생들도 고등학생이 가장 낮은 72.2이고, 성인들은 19세부터 29세까지가 가장 낮은 51.8을 기록하고, 점차 증가해서 50대 이상이 66.3

을 기록합니다. 왜 가장 많은 교육을 받은 20대가 가장 정직 지수가 낮은가? 교육 받을수록 우리는 타락하는가? 교육의 목적은 지식 함양도 있지만, 도덕성을 교육적으로 사회적으로 경험했을 텐데 지수는 20대에서 가장 낮습니다. 성인의 정직 지수가 청소년보다 낮습니다. 성인이 모범이 되지 못합니다. 또한 20대의 소유욕이 다른 모든 것을 뛰어넘는 듯합니다. 자산은 적고, 소유욕은 높으니 정직 지수가 낮습니다. 고등학생에게 10억이 생기면 1년 정도 감옥에 가도 괜찮다는 질문의 정직 지수가 42.8로, 57.2%는 감옥에 가겠다는 것입니다. 우리의 기준이 돈으로 결정된다는 것을, 물질주의가 크다는 것을 의미합니다.

서양은 기원전에 이미 철학과 기하학 같은 형이상학으로 고민했는데, 2천 년이 지난 대한민국의 가치관 1위는 여전히 경제적 부입니다. 형이하학에 머물러 있는 것이 아닌지 걱정입니다. 세계 10위의 경제 대국입니다. 대부분은 아침에 일어나서 먹고사는 것을 걱정하지 않습니다. 그러나 부패 지수는 높고, 자유도, 신뢰도, 정의, 행복 지수는 높지 않습니다. 자유도, 신뢰도, 정의, 행복 지수가 높지 않으니, 내가 믿을 것은 물질밖에 없습니다. 이들 지수가 낮으니 경제적, 물질적인 것에 의존하고, 다시 부패 지수를 높입니다. 악순환입니다. 어디에선가 끊어야 합니다.

다른 삶과 다른 기준을 원하면, 지금과 다르게 행동해야 합니다. 같은 행동, 같은 정신을 가지고, 다른 결과를 얻을 수 없습니다. 같은 행동을 하면서 다른 결과를 원하는 것은 정신병자나 하는 생각이라고 아인슈타인은 이야기했습니다.

 자유도, 신뢰도, 정의, 행복 지수를 높여야 합니다. 투명, 공정한 사회의 총체적 시스템과 함께 국민 개개인의 의식이 높아져야 향상된 도덕 수준을 갖춘 시민 사회가 될 수 있습니다.

2-13 나는 용서할 수 있는가?

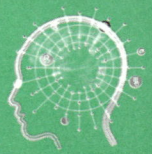

일제의 만행인 위안부와 탄광 및 산업체의 강제 동원이 여전히 해결되지 않고 있습니다. 국력의 차이로 일본은 여전히 고압적입니다.

학생들에게 이런 것을 질문합니다. 할아버지 위 세대인, 100년 전 일을 오늘날 사과하라면 사과할 것이냐고 묻습니다. 내가 직접적인 당사자도 아니고, 내 아버지가 한 일도 아닌데 무슨 사과냐고 합니다. 연좌제도 폐지된 마당에!

이것을 일본군 만행인 위안부와 강제 동원 피해자에게 대입해서 생각해 보라고 합니다. 그럼 의견이 조금 바뀝니다. 일본 청소년을 만났을 때 그들이 내가 직접적인 당사자도 아니고, 내 아버지가 한 일도 아닌데 무슨 사과냐고 한다면 어찌할 것이냐고 묻습니다. 침묵입니다. 아닙니다. 오늘의 그들은 선조가 있었기에, 그들이 있는 것이므로 당연히 책임을 져야 합니다. 그들은 조상의 유산을 좋은 것만 취하고, 나쁜 것은 버릴 수 없기에 책임져야 한다고 말해야 합니다. 1965년 6월 22일의 한일 기본 조약은 국가와 국가 간 배상 조약이었습니다. 개인의 희생에 대한, 즉 위안부나 강제 동원에 대한 배상 협의는 없었습니다. 위안부나 강제 동원된 사람들의 희생을 강제한 일본군이나 기업체에 책임을 묻는 것은 개인의 당연한 권리입니다. 국제적으로도 개인의 희생은 별도로 인정됩니다.

일본의 독도 영유권 주장에 대해, 우리는 어떻게 말해야 할까? 여기 노무현 전 대통령이 2006년 4월 25일 발표한 한일 관계에 대한 특별 담화문 중 일부인 '독도는 우리 땅 입니다.' 개요로 대신합니다.

독도는 우리 땅입니다. 그냥 우리 땅이 아니라 특별한 역사적 의미를 가진 우리 땅입니다. 독도는 일본의 한반도 침탈 과정에서 가장 먼저 병탄된 역사의 땅입니다. 일본이 러일 전쟁 중에 전쟁 수행을 목적으로 편입하고 점령했던 땅입니다. 독도를 자국 영토로 편입하고, 망루와 전선을 가설하여 전쟁에 이용했던 것입니다. 그리고 국권을 박탈하고 식민지 지배권을 확보하였습니다. 일본이 독도에 대한 권리를 주장하는 것은 제국주의 침략 전쟁에 의한 점령지 권리, 나아가서는 과거 식민지 영토권을 주장하는 것입니다. 이것은 한국의 완전한 해방과 독립을 부정하는 행위입니다. 우리 국민에게 독도는 완전한 주권 회복의 상징입니다.

가슴 울리는 내용이 많지만, 핵심은 독도가 우리의 완전한 주권 회복의 상징이라는 것입니다.

사과는 어때야 할까요. 아리스토텔레스 말처럼 권위와 진정성이 있으면 충분할까요. 아닙니다. 사과에는 이것과 함께 반드시 충분한 배상이 있어야 합니다. 배상 없는 사과는 사과가 아닙니다. 그냥 형식적이고, 상황 모면적입니다.

법적 의미로 보상은 합법적 행위에 대한 손해와 피해를 갚아 주는 것이고, 배상은 불법적인 행위로 인한 손해와 피해를 갚아 주는 것이라 합니다.

국가 간에만 적용되는 것이 아닙니다. 친구 간, 상거래 간 모든 곳에서 사과로는 충분하지 않습니다. 피해자는 충분한 보상 내지는 배상을 받을 권리가 있고, 그래야 합니다.

용서!
너무 힘듭니다.
용서가 너무 어렵습니다.
용서하고 싶지 않습니다. 이게 내 자존심입니다.
몇 배로 되갚아 주어도 시원하지 않습니다.
   이게 내가 진정으로 하고 싶은 것입니다.

비워야 채워진다지만 비워지지 않습니다.
그래서 눈에는 눈, 이에는 이가 나온 것 같습니다.
용서가 힘든 나에게, 진정성을 보이고, 배상/보상하십시오.

혹자는 우리가, 내가 불운하고 힘이 없었으니 인정하랍니다. 슬픔을 삭이라고 합니다.
그러면 이 세상에 도덕이 법이 왜 필요합니까?
여기가 정글입니까?
도대체 내 편은 어디에 있습니까?

어쩔 수 없는 상황으로 피해자는 가해자를 용서할 수밖에 없고, 용서하는 순간, 용서가 공표되는 순간, 용서를 되돌리기 어렵습니다. 알량한 사과를 받은 것으로, 내 자존심은 바닥에 팽개쳐진 것을 느낍니다. 피해자는 돌아서면, 다시 치욕과 울분이 슬금슬금 올라와서 모든 감정을 지배합니다. 가해자로부터 형식적인 사과는 받았고, 되돌릴 수도 없고, 정말 미칠 노릇입니다. 그래서 진정한 사과와 배상이 필요한 것입니다. 사과만으로는 불충분합니다. 반드시 배상 내지는 보상하십시오. 배상, 보상은 피해자에 대한 최소한의 위로이고, 자신에 대한 책임입니다.

사과는 말로만 하는 것이 아니고,
　　마음속 깊이 진정으로 사과하고,
　　경제적 배상/보상이 반드시 병행되어야 합니다.

관련자, 책임자 처벌도 원합니다.

피해 재발 방지책도 마련되어야 합니다.

피해자에게는 그래도 충분하지 않습니다.

무엇을 해도,

무엇을 받아도 원 상태로 돌아갈 수 없습니다.

사과도, 처벌도, 대책도 살아 있는 자를 위한 것입니다.

가해자는 편한데 피해자는 왜 끝없이 고통받아야 합니까?

세월밖에, 잊는 것밖에,

잊는 체하는 것밖에 도리가 없답니다.

고통이 사과로 달래지지 않습니다.

억울합니다. 원통합니다.

그래도 용서해야 합니다. 가해자가 충분히 사과하고 배상하고, 처벌받고, 피해 방지책이 마련되어서가 아닙니다. 미움과 원망, 그리고 후회 속에서 사는 피해자와 가족들은 너무 아프고 너무 힘듭니다. 미움과 원망, 그리고 후회는 가해자의 시각입니다. 피해자인 내가 원인이 아니고, 가해자가 거기 있었던 탓입니다. 피해자 탓이 아니니 자책하지 마세요. 피해 당사자가 어떤 마음으로 가족을 볼 것인지 생각해 보시기 바랍니다. 피해자는 미움과 후회 속에서 부모나 형제가 더는 고통받지 않기를 원하기 때문입니다. 용서하고, 잊고, 새로운 길에서 행복하기를 피해자는 우리에게 부탁합니다. 미움의 고통 속에서 벗어나서, 행복하기를, 전진하기를 피해자는 희망합니다. 용서가 안 되면, 보지 마시고 잊으십시오. 피해 당사자는 여러분이 행복하기를 원합니다.

　원망하세요. 그러나 짧게 하세요.
　잊으세요. 당장 힘들면 보지 마시고 외면하세요.
　용서하세요. 그래야 전진합니다.
　행복하세요. 그것이 최고의 복수입니다.

　제일 좋은 것은 나에게 이런 일이 없었으면 합니다.
　원망도, 외면도, 용서도, 행복도 가해자나 피해자의 입장이 아니기를 바랍니다. 그냥 나이기를 희망합니다. 기도합니다. 나에게 이런 선택의 시련이 생기지 않았으면 합니다.

2-14 나의 사고는 성숙한가? 공감하는가?

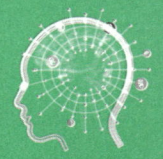

학교에서 근무한 지가 꽤 됩니다. 많은 일을 겪었고, 나름의 노하우를 쌓았지만, 사고의 수준을 평가하면, 도덕적 철학적 수준은 20대 수준입니다. 지식과 경험은 늘었지만, 지혜와 사고는 20대와 지금이 별로 차이가 없습니다. 생각하는 방식에는 고정형 사고방식과 성장형 사고방식이 있고, 혼합형도 있다고 합니다.

그리스 철학자 소크라테스가 "숙고하지 않는 삶은 살 가치가 없다."라고 했습니다. 열심히 살았지만 정신적 성숙은 20대 이후로 거의 없는 듯합니다. 나는 고정형 사고방식으로 살고 있는가 고민합니다.

대학생 때까지는 과 친구라도 매주 만나는 사람이 50~60명은 됩니다. 인간성도 다르고, 배울 것도 많고, 경험도 다양합니다. 평등하고, 별난 친구도 많고, 새로운 것도 하자고 합니다. 생물학적 두뇌도 커지며, 정신적 사고도 성장합니다. 그런데 졸업하면 10명 내외로 줄고, 같은 사고를 가지고, 같은 일을 하는 사람뿐입니다. 긴장하면서, 목표를 공유하고 추구하고, 헤어집니다. 팀이라 하지만 위계질서와 분업이 이루어져 있고, 목표가 뚜렷합니다. 갈 곳이 정해져 있습니다. 가정이 위안과 평안을 줄 수는 있지만, 사고의 성숙을 주기는 힘듭니다. 가정은 믿고 쉴 수 있는 곳이지, 사고를 기대하면 안 됩니다. 사고가 늘 수 없습니다. 정보와 기회가 늘 뿐입니다. 사고의 성장은 상상과 여유와 다양함, 다시 생각하기 속에서 도전하며 이루어집니다. 상대편 입장을 고려하고, 나와 그들의 슬픔, 좌절, 어려움, 고통 속에서 사고가 성장합니다. 졸업하면 이런 기회가 없어집니다. 아니 무뎌집니다. 대충은 알고, 끝도 짐작되기에, 남의 말도 잘 듣지 않습니다. 특히 수직적 위계 체계에서는 목표 달성은 있지만, 사고의 성장은 없습니다. 사고는 수평적 관계와 갈등 속에서 성장합니다. 그래서 사고가 20대에 머뭅니다.

개인의 지속적인 사고의 성장은 어떻게 가능한가? 두뇌의 생물학적인 퇴보이기에 불가능한가? 새로운 것을 해 보면 가능한가? 노인은 지혜가 있어서 존중받는다고 했습니다. 나는 그런가? 인생 60부터라고 합니다. 지속적 사고의 성장이란 사회가 노인들 위안 삼으라고 하는 말은 아닐까? 익숙함에서 탈피하라고 하고, 독서를 하라고도 합니다. 정보의 객관화가 필요하다고 하는데, 잘 안 됩니다. 정보를 모으고 분석해서 객관화하고 이것으로 판단하라고 배웁니다. 그러고는 과거의 경험, 내가 살아온 방식으로 합니다. 백전백패입니다. 혼자 하면 힘들고, 작은 일도 크게 생각될 수 있어서, 자기 학대와 자기 망상으로 변할 수도 있습니다. 나는 까칠해서, 사고무친(四顧無親), 독야청청하니 사고가 성장할 수 없습니다. 한 번뿐인 이 삶을 보듬어 주고 현재에 집중하라고 합니다. 현재를 어떻게 꾸려 갈지는 온전히 당신에게 달려 있다고 합니다. 세월 따라, 경험 따라 아는 것은 많습니다. 그래도 정신적 깊이, 정신적 사고는 늘지 않으니, 정신적 사고의 방황입니다. 그냥 기계적으로 사는 듯하니, 지속적인 개인적 사고 성장에 답을 못 찾겠습니다.

직장인은 시스템적 사고를 하라고 합니다. 전략적, 논리적, 합리적, 미래 지향적으로 준비해서 양과 질을 달성해서 성과를 내라고 하고, 지속적으로 훈련하라고 합니다. 말은 쉽습니다만, 몰라서 못 하는 것 아닙니다. 잘 안 됩니다.

아리스토텔레스는 설득의 3요소로 로고스, 파토스, 에토스를 제시했습니다. 로고스, 말과 언어를 논리적으로 하는 것입니다. 파토스는 공감 능력으로 상대방의 심리를 알고 상대의 감정에 호소하는 것입니다. 에토스는 인성, 품성 공신력으로 권위입니다. 중요 순으로 이야기하면 에토스, 파토스, 로고스입니다. 권위가 약 50% 이상입니다. 그러나 에토스만으로는 힘듭니다. 권위 있는 사람이 진정성을 가지고 이야기하면 말은 어눌해도 설득이 된다고 합니다. 피해자, 듣는 사람이 듣고 공감해야, 설득이 가능합니다. 공감 없이 밀어붙이면, 피해자에게서 마지막 자존심이 튀어나오며, 본인의 세계로 돌아갑니다. 설득은 실패입니다.

한국 사회에서 직장에서 권위와 존중이 있는가 생각해 봅니다. 아는 사람이 직장에 취직했습니다. 다른 이야기는 안 했습니다. 부장, 이사가 세세한 부분을 잘 모르고, 현실과 동떨어진 이야기를 할 수도 있다고 이야기했습니다. 그래도 무시하지 말라고 했습니다. 그들도 사원이었을 때, 대리, 과장이었을 때는 현업을 잘 알았기에 거기 있는 것이니 존중하라고, 또한 그들은 너의 고가를 판단하는 상사라고 했습니다. 그들의 역할은 현업을 아는 것이 아니라, 방향을 결정하는 사람이니 존중하라고 했습니다. 사원, 대리, 과장은 현업을 모르면 안 됩니다. 그들은 전투원이니까. 부장, 이사는 더욱 중요합니다. 방향을 정하고, 속도를 결정하는 사람들이니, 더욱 신중하고 정확하게 판단해야 합니다. 이들의 결정이 잘못되면 열심히 달리는 사원, 대리, 과장을 절벽으로 몰 수도 있기 때문입니다.

앞만 보고 달리는 형은 공감을 잘 하지 못한다고 합니다. 공감 능력 모자란 인간이 욕 덜 먹는 방법이 있습니다. 말을 줄이면 됩니다. 공감 능력 없는 사람이 말하면 대개는 밉상으로 말합니다. 상대방이 좋아하는 것보다, 싫어하는 것을 하지 마세요. 상대방이 원하면 다 해 주세요. 특히 몸으로 하는 작은 일들을 정성 들여 많이 해 주세요. 신뢰가 공감이 쌓일 것입니다. 큰 사건에는 모두가 힘을 합하고, 이해하지만, 작은 일들은 무시하고 간과할 수 있습니다. 여기서 틈이, 불신이 생길 수 있습니다.

공감에 가족을 빼놓을 수 없습니다. 기찻길(Trolley) 딜레마라는 것이 있습니다. 기차가 브레이크 고장이 나서 비상 궤도로 기차를 가게 해야 합니다. 정상 궤도에는 성인 10명이, 비상 궤도에는 2명이 있다고 합니다. 어디로 보낼 것인지 물으면 당연히 비상 궤도의 2명 쪽입니다. 그런데 2명이 자신 아내이고 자식이면 어찌할 것인가 다시 묻습니다. 답이 갑자기 많이 바뀝니다. 50% 정도가 정상 궤도의 10명 쪽으로 기차를 보내서 가족을 살리고 자기는 처벌 받겠답니다. 이게 가족입니다. 내가 사는 이유입니다.

가정에서 가족에게서 평안과 위로와 휴식을 얻습니다. 어렵고 힘든 것을 힘들다고 말할 수 있는 곳이 가정입니다. 포기하고 싶고 그만하고 싶다는 감정을 말할 수 있는 사람이 가족입니다. 친구에게 어렵다고, 힘들다고 고민을 이야기할 수 있습니다. 그러나 마음속의 깊은 감정을 이야기하기는 쉽지 않습니다. 깊은 감정의 공유는 책임과 희생의 공유입니다. 친구에게 그것까지 요구하기는 쉽지 않습니다. 나의 깊은 감정까지 털어놓을 수 있는 친구는 소위 가족 같은 친구입니다. 이런 친구가 많았으면 합니다. 책임과 희생 때문에 시간 차이는 있겠지만 깊은 감정을 이야기할 수 있는 사람은 가족뿐입니다. 가정은 책임과 희생, 그리고 믿음과 평화가 모두 함께 있는 곳입니다. 궁극적으로 가정은 가족은 모든 것을 공유하는 곳이고 사람입니다.

그런데 나는 가정에서 쉬고, 위로받으려고만 하지, 가족에게 위로, 평화 그리고 사랑과 믿음을 주는지 생각했으면 합니다. 가족은 건드리면 안 된다. 가족만은 최후의 보루라 합니다. 그런 내가 가족에게 불안을 주는 존재는 아닌지 생각해 본 적은 있는지 자문해 보십시오. 가정과 가족은 외부적으로 지켜야 하고, 내부적으로 서로가 신뢰하고, 공감하고, 사랑하고, 존중해야지 위안과 평화와 휴식이 옵니다. 가족은 나를 위한 희생이 되어서는 안 됩니다. 어떤 경우든 가족을 지키기 위한 Plan B, Plan C가 필요합니다. 내가 사는 이유는 가족이고, 그런 가족 상호 간 공감과 존중이 절대적으로 필요합니다. 가족 상호 간에 가장 중요한 것은 믿음입니다. 사랑은 희생이고, 늘 노력해야만 얻어지는 일상의 결과입니다. 가정은 평안과 믿음의 장소지만, 가족과 함께 나도 동참해야 그게 유지됩니다.

정상 궤도 위의 10명에게도 각자의 가족이 있습니다. 그래서 딜레마입니다.

사고의 수준은 20대에 머물지라도, 공감은 상대의 슬픔을 공유하고 배려하며, 상대편 입장에 내가 서 보는 역지사지를 훈련하고, 자세히 보려고 노력하면, 깊이와 폭이 확장되고 넓어질 수 있습니다.

2-15 인류는 진화하는가, 성장하는가?

　우주의 역사는 약 138억 년이고, 지구의 나이는 46억 년, 지구 최초의 생물은 30억 년에 출현합니다. 직립 보행 유인원으로 보는 인류의 역사는 700만 년, 현생 인류의 기준인 호모사피엔스 출현은 20만 년 전으로 거슬러 올라갑니다. 호모사피엔스의 언어 혁명은 약 7만 년 전, 농업 혁명은 1만 2천 년 전입니다. 인류 최초의 왕국은 5천만 년 전입니다. 진나라, 로마와 같은 제국의 탄생은 2천 년 전, 과학 혁명은 5백 년 전입니다. 산업 혁명은 18세기 초인 1700년대부터 시작되었으니 3백 년 전입니다. 본격적인 과학과 산업에 기초한 인류 역사는 3백 년입니다.

　Space, Universe, Cosmos는 모두 우주로 번역됩니다.
　Space는 대기권 밖의 우주 공간을 의미한다고 합니다. 인류 관점의 개념입니다. 그래서 우주 탐험(Space exploration), 우주 전쟁(Space

war) 등에는 스페이스를 붙입니다.

Universe는 지구를 포함한 별, 우주, 은하로 채워진 모든 우주를 의미합니다. 빅뱅부터 우리가 사는 지구까지의 모든 것을 포함하는 학문적, 과학적 사고의 우주관입니다.

Cosmos는 Universe에 종교와 철학이 포함된 우주관입니다. 고대 그리스 철학자 피타고라스가 혼돈을 의미하는 카오스와 반대되는 질서 정연한 우주를 Cosmos라 했습니다. 그래서 우리가 쓰는 일반적인 우주의 표현에는 Cosmos를 많이 사용하지 않습니다. 참고로, 갤럭시는 우주라는 의미는 없고, 우주 한정된 지역의 은하, 은하수를 뜻합니다.

우리 인류는 짧은 3백여 년 지식 과학 혁명의 결과로, 태양계 밖까지의 우주 탐험을 위해 보이저 1호를 발사했습니다. 1990년 2월 14일 보이저 1호는 태양계를 벗어나며, 지구와 거리가 61억 킬로미터에서 지구를 촬영했습니다. 지구 크기는 0.12화소, 먼지와 같은 점으로 촬영되었고, 지구를 창백한 푸른 점(Pale Blue Dot)이라고 합니다.

사람은 신의 모사가 아니고 진화의 결과이고, 지구가 태양의 중심이 아니라는 것을 알고 있었지만, 창백한 푸른 점(Pale Blue Dot)은 지구가 광활한 우주의 먼지에 불과하다는 사실을 알려 줍니다.

인류의 기술 발전으로 인류의 상황을 보다 정확히 알게 됩니다. 지구는 태양계를 이루는 8개의 별 중 하나이고, 이런 태양과 유사한 항성 약

18억 개가 모여 우리은하를 이룹니다. 우리은하와 유사한 은하 약 2조 개가 모여서 우주를 이루고 있습니다. 이런 지구 위의 80억 명 중의 하나가 나입니다. 나는, 인류는 우주의 먼지에 지나지 않는다는 사실입니다. 또 다른 하나는 생물학적 진화론 연구 결과로, 인류의 기원이 단세포 생물에서 출발해서 진화를 거듭해서 여기까지 도달한 것입니다. 우리는 존재론적 관점에서 우주의 먼지에 지나지 않고, 진화론적 기원은 단세포 생물입니다. 또한 인류를 정신적으로도 무의식 성적 존재라고 프로이드는 표현합니다. 정신적인 관점에는 많은 반론이 있지만, 인류는 단세포에서 출발했고, 우주의 작은 먼지에 불과하다는 것에는 반론이 없습니다.

또 다른 인류를 보는 관점은 인류가 지구의 최상위 종이 되었다는 것입니다. 인류는 날카로운 이빨도, 강한 힘을 소유한 종이 아니지만, 집단 사냥, 집단 지성의 결과로 오늘날 지구 최상위종이 되었습니다. 인류의 과학 혁명 이후로, 혹은 산업 혁명 이후로 약탈의 시대는 가고, 교환의 시대에 살고 있습니다. 바이킹과 같이, 힘 있는 자의 강탈의 시대는 저물고 있습니다. 또 다른 인류 발전의 이정표는 계급 사회의 소멸입니다. 서구는 프랑스 대혁명, 한국 사회는 육이오를 거치며 신분 계급 사회는 종식을 고하고, 평등의 사회로 나아가고 있습니다. 마지막으로 인류 역사에서 지금과 같은 풍요는 처음입니다. 우리는 궁핍의 시대에서 풍요의 시대로 발전하고 있습니다.

나는 우주의 먼지이고, 단세포 생물이고, 정신적인 무의식 세계 속에서 성적인, 동물적 공격성의 작은 산물일지 모릅니다. 그러나 인류는 발전을 거듭해서 지구의 최상위종이 되었고, 평등의 사회에 살고 있고, 교환의 시대, 풍요의 시대에 살고 있는 종입니다. 이러한 진화와 성장이 여기서 멈출 수도 있습니다.

자원 관점에서, 지구 온난화 관점에서, 혜성 충돌이나 우주적 사건 관점에서 인류 멸망을 이야기합니다. 갑자기 진화와 성장이 멈출 수도 있습니다.

그러나 인류는 30억 년의 진화와 성장 속에서 오늘에 도달했습니다. 차갑고 축축한 습지, 메마른 들판, 추운 산야, 대륙을 이동하며, 가난과 고통을 이겨 내고 여기에 왔습니다. 우리는 실패하고 좌절해도, 도전하고 극복하고 여기에 왔습니다. 우리는 도전과 극복의 DNA를 가지고 있습니다. 이러한 DNA를 갖지 못한 종은 이미 멸종했습니다. 7백만 년 동안 진화와 성장을 거치며 인류는 호모사피엔스에 도달했고, 이제 지구를 떠나서도 인류는 존재할 것입니다.

2-16 나의 꿈은 무엇인가? 아직도 꿈꾸고 있는가?

김구 선생님의 꿈은 대한민국이 자주독립의 나라가 되고, 문화 강국이 되는 것이라 했습니다. 아래는 《백범일지》의 일부입니다.(출처: 김호준 편집자)

"독립이 없는 백성으로 70 평생에 설움과 부끄러움과 애탐을 받은 나에게는 세상에 가장 좋은 것이 완전하게 자주 독립한 나라의 백성으로 살아 보다가 죽는 일이다. 나는 일찍이 우리 독립 정부의 문지기가 되기를 원하였거니와, 그것은 우리나라가 독립국만 되면 나는 그 나라의 가장 미천한 자가 되어도 좋다는 뜻이다."

"나는 우리나라가 세계에서 가장 아름다운 나라가 되기를 원한다. 가장 부강한 나라가 되기를 원하는 것은 아니다. 내가 남의 침략에 가슴이 아팠으니, 내 나라가 남을 침략하는 것을 원치 아니한다. 우리의 부력(경제력)은 우리의 생활을 풍족히 할 만하고, 우리의 강력(국력)은 남의 침략을 막을 만하면 족하다. 오직 한없이 가지고 싶은 것은 높은 문화의 힘이다. 문화의 힘은 우리 자신을 행복하게 하고, 나아가서 남에게 행복을 주겠기 때문이다."

또 가슴을 울리는 말씀이 있습니다.

"우리나라가 독립하여 정부가 생기거든 그 집의 뜰을 쓸고 유리창을 닦는 일을 하여 보고 죽게 하소서!"

나의 꿈은 우리가 남북통일이 되면, 한국에서 자동차를 사서 중국, 인도, 중동, 러시아, 유럽을 여행하고 아프리카를 지나, 남아프리카에 가는 것입니다. 여기서 아르헨티나 최남단으로 이동해서, 남극을 봅니다. 남미, 중미, 북미를 거쳐, 시베리아를 돌아, 한국에 와서 차를 폐차시키는 것입니다. 통일이 안 되어 비행기 타고, 아시아, 아프리카, 유럽, 북미, 호주까지 다녀왔습니다. 내가 가는 나라의 기준은 '우리가 동굴 속에서, 빈곤하게 살 때 이들은 굴기를 달성해 제국을 이루고 세계를 지배했던 국가냐, 아니냐?'입니다. 그들의 시스템을 알고 싶습니다. 피상적으로 얼마나 알 수 있겠냐만 TV에서 보면 우리보다 잘 놀고, 시스템이 우리보다 자유롭습니다. 우리가 급격히 성장했지만, 우리보다 잘 살면 잘 사는 대로, 못 살면 못 사는 대로 자부심이 강합니다. 어디를 가도 국기가 있고,

큽니다. 우리보다 잘사는 나라는 대부분 민도도 높습니다.

또 하나의 꿈은 제품, 상품을 만들어 외국에 파는 것입니다. 나는 국민의 세금으로 공부했고, 군대도 4주 훈련으로 일병 제대했습니다. 나라에 보답하고 싶습니다. 이것이 달성되면, 즉 외국에 물건을 파는 무역을 통해 부가 가치를 올리면, 그때는 외제 차도 사리라 결심합니다. 현재는 국산 차만 탑니다. 아직 외국에 물건을 못 팔았고, 학생 등록금으로 월급 받고, 나라 세금으로 연구했으니, 내 나라 것만 씁니다. 2000년 초까지 신토불이(身土不二)를 강조했습니다. 몸과 땅은 하나다는 뜻입니다. 국산품, 대한민국 상품, 내 고장, 내 고향 상품을 애용하자는 것입니다. 무역으로 사는 나라에서 남의 것 안 사 주고, 내 것만 팔겠다는 심보입니다. 도리가 아닙니다. 지금은 농수산 분야에서도 거의 쓰지 않습니다.

꿈(Dream)은 무엇이고, 희망(Hope)은 무엇일까?

Dream은 노력, 열정, 시간 등 내가 가진 것을 다 투자해야 합니다. 될 수도 있고 안 될 수도 있습니다. 안 되는 경우가 더 많습니다. 달성되면 Dream은 자랍니다. 성장합니다.

Hope는 희망, 소망, 바라는 것, 원하는 것, 하고 싶은 것 이렇게도 표현됩니다. 무엇인가를 포기하거나 대체하면 얻을 수도 있고, 도달할 수도 있는 것입니다.

나에게 있어서, 자동차를 타고 아시아와 유럽, 아프리카, 그리고 남미, 북미를 횡단하는 것은 Dream(꿈)이 아닙니다. 나에게 있어서, 굴기의 나라, 제국의 나라를 가 보는 것은 Dream(꿈)이 아니고, 단지 Hope(희망)입니다. 해 보았으면 하는 것이고, 가 보았으면 하는 것이지, 안 해도 안 가도 크게 고민되지도 않습니다. 가서 보고 느끼는 것이고, 역사의 가정 속에 안타까움은 있지만, 여기서 새로운 성장이 생기는 것도 아닙니다.

그러나 세계에 나의 제품을, 상품을 파는 것, 이것이 나의 Dream(꿈)입니다. 내가 정성과 노력, 열정, 시간을 투자해야 가능할 것 같습니다. 된다면 세계 어디부터 공략하고, 사람은 어떻게 쓰고, 공장은 어디에 세우고, IT 계열과 연관된 제품을 추가로 개발하고, 홍보는 어떻게 하고 등 끝없이 성장하고 자랍니다. 이게 꿈입니다.

아직도 꿈을 꿉니다. 계속 생각하고 추진합니다.

대우의 고 김우중 회장의 말입니다.
    세계는 넓고, 할 일은 많다.
삼성의 고 이병철 회장의 말입니다.
    행하니 이루어지고, 가는 자 닿는다.
애플의 고 스티브 잡스의 말입니다.
    과거의 점이 미래로 연결됩니다.

Stay hungry. Stay foolish.
(갈망해라. 우직하게 나아가라.)

우리는 우주 탄생 138억 년 동안 장대한 우주여행을 하고 있습니다. 지구는 10만km/h 속도로 우주를 항해하고 있습니다. 우주가 다시 에너지를 잃는 1천억 년 동안 우주여행은 계속될 것입니다. 우리의 장대한 우주여행은 은하를 넘어서, 세대를 넘어서 계속될 것입니다. 잡일에 묻혀서, 욕망을 추구하느라, 내일을 미래를 우주를 향한 꿈을 잃지 않았으면 합니다.

2-17 22세기를 준비하는 공대생

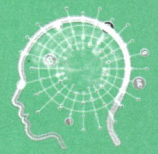

어둡고 암흑기였던 태평양 전쟁 시절, 10만 명당 1명의 독립운동가, 선구자가 있어서, 오늘의 대한민국까지 여기까지 왔습니다. 조용필 노래 (김희갑 작사) 중 〈킬리만자로의 표범〉이라는 노래에는 "내가 지금 이 세상을 살고 있는 것은, 21세기가 간절히 나를 원했기 때문이야."라는 가사가 나옵니다. 헤밍웨이가 모티브라지만 어떻게 이런 가사를 썼는지 정말 감탄합니다. 올 것 같지 않은 21세기가 왔고, 22세기를 준비해야 합니다.

우리 경제에 맞는 인구 증가율은 대략 2명으로 추산됩니다. 그런데 2021년 대한민국의 평균 합계 출산율은 역대 최저인 0.81명이고, 2024년에는 0.7명까지 떨어질 것을 전망하고 있습니다. 2021년 OECD 평균 합계 출산율은 1.61명입니다. 따라서 2021년부터 인구가

1만 1천8백 명 순 감소했다고 합니다. 그래서 《조선일보》는 100년 후인 2120년에는 한국 인구가 2,095만 명으로, 현재의 절반으로 준다고 보도하고 있습니다. 나라에는 일정 인구가 필요합니다. 인구 감소에 대한 대책으로는 청년들에게 부를 쌓을 기회를 주고, 미래의 희망을 품도록 하는 것이 최선입니다. 불임 부부를 위한 실험관 아기나 대리모 용어가 아주 낯설지는 않습니다. 수십 년 내에 SF(Science Fiction) 영화에서나 보던 인공 자궁에 의한 생명 탄생이 낯설지 않을 수 있습니다. 그렇지 않기를 바랍니다.

저출산 대책으로 가족 가치를 재고하자고 합니다. 가족의 전통적 의미가 계속 퇴색하는 지금 맞지 않는 듯합니다. 부를 원하고, 미래를 희망하는 인간의 욕망을 해결하는 것이 저출산에 대한 대책입니다. 공산주의가 망하고 자본주의가 지속되고 성장하는 것은 인간 욕망을 충실히 반영하는 제도가 자본주의이기에 그렇습니다. 시혜성으로 산발적으로 지원하는 저출산 예산은 청년들 욕망에 비하면 너무 적고, 실제로 도움도 안 되기에 효과가 없습니다. 저출산은 해결되지 않고 아까운 세금만 낭비되는 것입니다. 부를 향한, 내일의 안정을 원하는 인간의 본능적 욕망 해결이 저출산 대책입니다. 생존과 번식은 진화론의 핵심입니다. 핵심인 이유는 이것이 원초적 욕망이기에 그렇습니다. 본질적 욕망을 이해하고, 원초적 욕망의 해결책을 찾아야 합니다. 이 욕망을 도덕적, 사회적 기준으로 덮고 억제하며 시혜성 세금을 산포하니 백전백패입니다.

지난 정부의 공과 검증이 이루어지고 있습니다. 정치적인 의미도 있을 수 있습니다. 가장 잘못된 것은 자산 가치 상승으로 청년들의 욕망을, 꿈을 완전히 좌절시킨 것입니다. 성실하게 일하는 힘든 청춘에게 사다리를 걷어차고 철퇴를 가한 것과 진배없습니다. 우리만 그런 것이 아니고 전 세계가 비슷하다고 항변합니다. 그렇게 이야기할 거면 뭐하러 지도자가 되었습니까? 잘못된 정책의 여파가 더욱 큰 대한민국입니다.

인구 감소에 따라 국민연금 지급 여력이 떨어져, 2040년에는 적자가 시작되고, 2056년에는 총 89조 원의 적자, 2070년에는 누적 적자 2,241조 원이라고 감사원은 보고하고 있습니다. 큰일입니다. 이렇게 국가가 어려워지고 있지만 22세기를 이야기하는 지도자는 드뭅니다. 현재의 문제를 교육 제도 혁신을 기반으로 집단 지성으로 해결하자는 분도 있고, 1명의 천재가 10만 명을 먹여 살린다고도 합니다.

지난 한국을 돌이켜 봅시다. 과거의 점이 미래의 선이, 면이 될 수 있습니다. 60년대 박정희 대통령과 0.001%, 400명의 기업인과 천재들이 합심해서 여기에 왔다고 생각합니다. 0.001% 400명은, 십만 명당 1명을 의미합니다. 0.001%에 정주영, 이병철, 김우중 등의 한국을 일으킨 1세대 기업인을 포함해도 전혀 무리가 없습니다. 세상은 변했고, 더는 정부의 리더십을 기대하기도 난망합니다. 사업의 규모가 예전의 대한민국이 아닙니다. 정부보다 더 커졌습니다. 대한민국에 한정해서 사업을 해서는 안 된다는 것을 압니다. 기업이 정보도 빠르고, 대처도 빠릅니다.

정부가 정치가가 사업의 장애물이 안 되기를 바라는 단계입니다.

　십만 명당 1명을 의미하는 0.001%, 500명의 혁신가가 반드시 자연계일 수도 없고, 그렇게 되어서도 안 됩니다. 그렇지만 이들의 대부분이 자연계이기를, 자연계였으면 합니다. 한국은 누가 뭐래도 제조업 기반 사회고, 그렇게 구성되었습니다. 제조업 없는 국가는 모래 위에 있는 산업 국가입니다.

　대한민국은 제조업 강국으로 부상했지만, S/W는 너무 취약합니다. 그렇지만 22세기는 제조업 기반의 산업 일꾼을 원하는 사회가 아닙니다. 20세기 대한민국의 산업 일꾼은 교육 받고, 산업체에서 근무하며, 산업체를 부흥하는 역군들이었습니다. 그런 인재 시대는 갔습니다. 20세기 후반부터 21세기 전반기의 근면 성실한 산업 일꾼의 인재상은 과거의 유물입니다. 이들이 필요 없다는 이야기가 아닙니다. 시장이, 차지하는 비율이, 요구 정도가, 추구하는 세상의 발전 방향이 달라졌다는 것입니다. 대한민국의 갈 길은 제조업 기반의 산업 일꾼이 아닌, 제조업 기반 S/W, 지식 정보 S/W를 활용하고 융·복합하는 산업 기술이 기반이어야 합니다.

　1900년대 후반기의 한국의 국가 성장률은 5% 이상, 심지어는 10%의 고성장 국가였는데, 선진국이 된 21세기는 2% 내외입니다. 선진국이 되면 국가 성장률이 당연히 2% 내외로 떨어지는 것으로 생각했습니다. 범용 제품의 인건비 비중이 커서 개발 도상 국가로 사업체를 이전하기 때문입니다. 그래서 한정된 첨단 업종의 고부가 가치 산업에 치중할 수밖에 없어서입니다. 일본, 영국, 독일, 프랑스에는 적용됩니다. 미국은 우리보다 경제 성장률이 높아지고 있고, 실업률도 우리보다 매우 낮습니다. 미국은 4차 산업 혁명을 위한 S/W 기반을 갖춘 거의 유일한 국가입니다. 이에 더하여 첨단 제조업 육성을 추구합니다. 미국은 아마존, 애플, 마이크로소프트, 그리고 구글 등의 S/W 기술 혁신과 함께 첨단 제조업 육성을 위해 반도체, 배터리, 자동차 등의 제조업 육성에도 박차를 가하고 있습니다. 지식 정보 S/W와 제조업 기반 S/W를 통해 각각의 혁신과 융·복합을 이루어 성장을 지속하겠다는 의지입니다. 범용 제품도 자동화로 인건비 상승을 상쇄시키고 있습니다. 또 다른 21세기, 22세기 패권국으로서 지위를 유지하고자 합니다.

18세기에 시작된 1차 산업 혁명은 인간의 노동력을 기계의 힘으로 대체하는 산업 혁명입니다. 스티븐슨의 증기 기차로 대변됩니다. 20세기 초에 시작된 2차 산업 혁명은 전기의 발명으로 컨베이어 시스템이 도입됩니다. 컨베이어 시스템을 도입한 포드 자동차가 예입니다. 20세기 후반의 3차 산업 혁명은 PC의 등장으로 시작된 지식 정보 혁명입니다. 2015년 이후의 4차 산업 혁명은 초연결을 통한 지능화된 데이터(Data) 사회입니다. 점점 산업 혁명 주기가 빨라지고 있습니다.

22세기의 미래 가치와 의제에 대해 이야기하는 사람이 많지 않습니다. 분명히 새로운 프레임과 패러다임이 요구되는 시기입니다. 기술 발전 추세가 가파르고, 현재 상황이 어렵습니다. 그러니 내일은 고사하고, 100년 후는 언감생심입니다. 교육 제도 혁신은 교육부가 학령 인구 감소 대책에도 힘들어하고 있어서 쉽지 않습니다.

100년 후를 예측하기 더욱 어렵습니다. 1900년대 초에 예측했던 대부분의 기술이 직간접적으로 이루어졌습니다. 이 중심에는 인간이 있었지만, 향후 100년 후에도 인간이 중심일지는 아무도 자신하지 못합니다. 심지어 인류의 생존 자체도 불확실합니다. 과학적 결정론에 따르면 인과 관계로 모든 것을 설명할 수 있다고 했습니다. 뉴턴의 고전 역학에 기반한 것이고, 우주의 창조론과 유사해서, 이미 정해진 결과대로 일이 진행되는 것을 의미합니다. 선택의 의미가 없습니다. 20세기 들어서 양자 역학이 등장하며 위치와 속도를 동시에 측정할 수 없는 하이젠베르크의 불확정성 원리가 등장합니다. 카오스와 같은 세상에 고전 역학의 정해진 미래라는 것에 금이 갑니다. 다시 거시적 예측이 등장합니다. 분자 원자 단위의 작은 규모의 미래 예측은 어렵지만, 규모가 큰 사회나 문명 단위는 예측 가능하다고 주장합니다.

사람은 미래를 알고 싶어 합니다. 예측이 쉽지 않습니다. 과거의 경험과 데이터가 의미가 작아졌지만, 틀릴지언정 100년 후의 한국 사회에 대한 예측이 필요하고 준비가 필요합니다. 새로운 변화에 대한 대처가 필요합니다. 새로운 경향은 ① 인구 감소와 고령화 시대, ② 디지털화 및 자동화 시대의 도래, ③ 지구 온난화와 같은 환경 변화, ④ 탈 지구화 혹은 우주화 등이 열거됩니다. 이들 문제의 해결책을 생각하며, 어떤 미래를 어떻게 만들 것인가를 선택하고 결정하고, 행동해야 합니다.

열역학에 가역(Reversible), 비가역(Irreversible)이 있습니다. 물질이 고온 상태에서 저온으로 되는 것은 자연스러운 가역 상태입니다. 그러나 그 반대, 저온을 고온으로 하려면 많은 에너지와 힘, 그리고 조건이 필요합니다. 이것을 비가역이라고 합니다. 이과 대학, 공과 대학, 인문 대학과 순서는 나름 가역적입니다. 그러나 그 역순이 불가능하지는 않지만, 쉽지 않습니다. 이것이 특징적(Unique)인 대체 불가능한 공대생의 특징입니다. 새로운 것을 하려면 축적의 시간과 공부와 노력, 그리고 풍월이 필요합니다. 공대생은 중간자로서 모든 분야에서 축적의 시간과 풍월을 가지고 있습니다. 그러기에 공대생은 전체적으로 가역적이며, 작은 에너지로 비가역도 극복할 수 있습니다.

혁신가인 10만 명당 1명, 0.001%, 500명의 공대생만으로 22세기를 대비하기는 벅찹니다. 500명의 혁신가와 20%의 공대생이 필요합니다. 대한민국의 선단은 제조업 기반 S/W, 독자적인 S/W를 활용하고 융·복합해서 가치를 설계하고 창조할 수 있는 공대생 선원이 충분해야 합니다.

그래도 다행입니다.
지난 70년의 준비 덕분에, 우리는 기반을 가지고 있습니다. 새로운 혼돈기입니다. 법은 사후 대책입니다. 철학이 있는 기술이 미래입니다. 손

놓고 흘러가는 대로 두고 볼 수는 없습니다. 우리가 세계 흐름을 주도하는 국가가 아니기에 더욱 그렇습니다. 그래도 우리의 미래는 우리가 결정해야 합니다. 남이 원하는 것이 아닌, 누가 뭐래도 자주적으로 내가 선택한 길을 가고 싶습니다. 나의 운명은 내가 결정하고 싶습니다. 그래서 나는 최선을 다합니다. 1910년의 치욕스러운 경술국치를 다시 당할 수는 없습니다.

20세기까지는 기술을 아는 체하는 것이 가능했습니다. 그래서 사장님은 후계자를 경영 수업시킨다고 했고, 후계자를 경제학과에 많이 보냈습니다.

21세기, 22세기는 기술이 고도화, 지능화됩니다. 아는 체가 안 됩니다. 기술을 배우고, 알고, 실행하고, 평가 능력을 가진 전문가는 공대생입니다. 기업 경영이 돈의 흐름이 아니라, 기술의 방향입니다. 돈이 가는 곳에 기술이 있는 것이 아니고, 기술이 있는 곳에 돈이 모입니다. 이제는 경영 교육이 아니라, 기술 교육이 필요합니다.

예측할 수 없는 변화에 대응하고, 미래를 예측하려고 하는 것, 이것이 공대생의 자세입니다. 미래 경향과 의미, 그리고 영향을 알아야 합니다. 현재와 미래의 기술적 철학을 성찰하고 준비해서, 실행하고, 그 결과를 평가할 수 있는 사람은 공대생입니다.

21, 22세기 공대생이 일하고 부를 축적할 환경과 제도의 구축이 필요합니다. 하루아침에 되지 않습니다. 투자하고, 환경 구축하고, 보호해야 지식 정보 S/W 산업이 일어날 수 있습니다. 지식 재산권 강화하고, 연구원의 노력과 희생을 인정하고, 보상해 줄 때 공대생도 청춘을, 젊음을 투자합니다. 공대생에게, 연구원에게 미래를 맡긴다며, 투자를 최소화하면서 최대의 효율을 추구합니다. 추격자(Fast Follower) 전략에서는 가능했지만, 가치 설계와 가치 창조의 선진국 대한민국에 맞지 않습니다. 연구 개발은 자금의 투자나 효율성보다는 시간의 투자입니다. 연구 개발 아이템이 결정됐으면 거의 무한 투자가 이루어져야 시간이 단축됩니다. 기술 개발과 함께 시간과의 싸움이 연구 개발입니다. 공대생 육성과 기술 육성은 말로만 되지 않습니다. 연구 개발 환경 보호와 투자가 필요합니다.

맡은 분야에서 묵묵히 최선을 다하며, 기술을 개발하고, 미래 혁신을 꿈꾸는 자는 공대생입니다. 이들이 있기에 21세기 22세기 창조적 기술 혁신이 가능한 것입니다. 1차, 2차 산업 혁명까지는 공대생 역할보다는 이론가와 발명가의 역할이 컸습니다. 1900년대 후반부터는 공대생의 역할이 커졌고, 21세기, 22세기는 공대생의 역할이 절대적입니다. 정치가도 법률가도, 의사도 그 누구도 공대생을 대신할 수도, 대체할 수도 없습니다. S/W와 H/W 기술을 아는 자만이 미래를 이야기할 수 있고, 미래를 이끌 수 있습니다. 그들이, 내가 공대생입니다.

한반도를 벗어나 세계에, 그리고 우주에 의미를 줄 수 있는 사람은 누구입니까? 우리는 집에만 있어도 시간당 15도를 회전하고, 공전 속도가 107,280km/h인 지구라는 우주선을 타고 있는 존재입니다. 지구가 속한 태양계, 태양과 같은 항성을 약 18억 개 가진 우리은하입니다. 우리은하와 같은 것을 2조 개 가진 우주에 우리는 있습니다. 우주 역사 138억 년, 지구 나이 46억 년 동안 장대한 우주를 여행하고 있는 우리입니다. 우주 속에서 우리와 지구의 좌표를 실제로 확인하고 방향을 정할 사람은 공대생입니다.

21세기, 22세기는 공대생의 기술 결정 시대가 될 것입니다. 당위성만 이야기 말고, 이들에게 부를 실현할 기회를 주고, 미래의 희망과 안정을 주어야 합니다. 제조업 기반 S/W, 독자적인 S/W를 활용하고 융·복합해서 가치를 설계하고 창조할 수 있는, 21세기 혁신 기술을 선도할 공대생이 필요합니다. 공대생이 22세기 대한민국의 미래입니다.

3부
공대생이 되기까지

3-1 공과 대학 학생이 되다

    1981년 3월 공과 대학 대학생이 되었다.
    첫 학기 등록금은 부모님이 주셨다. 첫 미팅에 후줄근하게 하고, 여자 대학생하고 했다. 같은 1학년인데 남자들은 다 후줄근하게 입고 왔고, 여자들은 화장도 하고 멋있었다. 차였다. 집에 가서 이불 쓰고 누운 적이 있다. 너무 순진하고 후줄근했다.

    중학교 담임이 집이 어려운 것을 알고 나를 상업 고등학교에 보내라고 부모님에게 이야기했다. 미적대다가 인문계 고등학교로 진학했다. 대학 입학 학력고사 점수로는 서울대와 연대 의대 이외는 대부분 의대가 가능했지만, 당시의 나는 첫째도 취직, 둘째도 취직, 셋째도 취직이었다. 공대도 취직하려고 왔다.

아르바이트도 귀하던 시절이고, 과외도 연이 있어야 하는데, 돈을 어떻게 벌지!

대학교 1학년 일반 물리 시험을 잘 보았다. 나도 풀고, 친구에게 한 문제당 얼마씩 주고 일반 물리 문제 풀이집을 만들었다. 2학년 초부터 대학교 앞 문구점에서 일반 물리 문제 풀이집을 신입생에게 팔아서 등록금 이상을 벌었다. 이때부터 돈에 크게 구애받지 않았다. 일반 물리 책이 3학년 때인가 바뀌었고, 없는 시간에 다시 한 번 더 풀어 문제집을 만들었다. 대학원 때 또 바뀌었는데 이때는 다시 풀지 않아서 일반 물리 풀이집과 이별하게 되었다.

일반 물리 문제 풀이 책은 대학교 생활의 경제적 어려움 해소에 많은 도움이 되었다. 이를 바탕으로 설악산, 지리산, 청평 등으로 방학과 연고전 때 여행을 다녔다. 여행 중 지리산에 가서 화엄사를 보고, 어두운 새벽부터 죽자고 노고단에 올라가니 찻길에 차가 다니고 있었다. 너무 허망하고, 김새서 지리산 종주가 목표였는데 피아골로 빠져나왔다. 가을철이었는데 단풍은 좋았다. 지리산 종주를 못 한 것이 종종 아쉽지만, 이제는 힘든 것 하면 바로 티가 나서 할 생각도 안 한다. 그래도 가끔 아쉽다. 설악산은 대청봉까지 하루만에도 올라갔다 내려온 적도 있다. 무엇을 해도 재미있었다. 설악산은 코스에 따라 두 번은 간 것 같다.

이런 여행에 나를 불러 준 친구가 있었는데, 지금은 미국에 있어서, 수

소문 끝에 찾아서 카톡을 하고 있다. 이 친구가 나를 안 불러 주었으면 참 재미없는 대학 생활을 했을 것이다. 나의 대학 생활을 풍부하게 해 준 친구를 생각할 때마다 너무 고맙다. 타국이지만 건강해라. 이 친구는 화곡동 동네 친구이고, 일반 물리 문제도 풀어 주었다. 또 화학공학과로 과는 달랐지만 과학원(KAIST)도 같이 진학했다.

또 다른 부산 친구가 있었는데, 말을 참 주절주절 끝없이 잘했다. 요즘의 박찬호였고, TMT(Too Much Talker)였다. 박찬호는 좋은 이야기를 많이 하지만, 이 친구 이야기는 잘 모르겠다. 그래서 내가 지어 준 말이, 그 친구 말은 80%가 뻥이고, 20%도 의심해 보아야 한다고 했다. 이 친구가 여자 친구와 헤어지려고 했는데, 안 되어 최후의 방법을 썼다고 했다. 그것은 머리를 스님처럼 면도칼로 빡빡 민머리로 미는 것이었다. 한동안 털실로 짠 모자를 쓰고 다녔다. 그래서 헤어졌단다. 특이한 놈이다. 지금은 연락이 안 되어 생사를 알 수 없고, 그 깡으로, 그 이빨로 무엇을 하고 있는지, 궁금하고 그립다.

새벽같이 나가는 고등학생에 시절에 비교해서 가족들 보기에 아무 때나 가는 나를 보고, 놀고먹는 대학생이라고 종종 말씀하셨다.

대학교 학과 친구 중에 한 친구는 물놀이 가서 익사한 친구도 있고, 또 다른 친구는 잘생기고 깔끔해서 모두에게 인기도 좋았는데 대학원 때 자살을 했다. 가끔가다가 생각나고, 이들 입장에 서 보면 가슴이 멍하다.

남자 대학생, 대한민국 20대 청년은 군대를 간다.

연세대학교 공대는 우리가 처음이자 마지막인 계열별 입학이어서, 2학년 때 전공 학과를 선택해야 했다. 기준은 1학년 성적이었는데 성적이 좀 평범했다. 좋은 것도 아니고 나쁜 것도 아니었다. 10개 학과 중 1순위 과에서 밀리니, 9순위 학과인 세라믹 공학과에 배정되었다. 전자과는 삼성전자에서 장학금도 주고, 졸업 후 병역 특례도 가능한데, 세라믹과는 그게 없었다. 군대를 가야한다.

알아보니 과학원(KAIST)에 가면 군대도 4주 기본 훈련만 방학 때 받으면 되고, 매월 20만 원도 준다고 했다. 당시 삼성전자 대졸 신입 사원 월급이 35만 원 정도였다. 그래 해 보자. 그런데 확률이 별로였다. 과학원(KAIST) 세라믹 분야는 5명 정도 뽑는데 서울대가 2~3명, 연대와 한양대를 합해서 2~3명 정도였다. 거기다 과학원(KAIST) 지원한 학생은 연대 세라믹 대학원 진학 금지라는 풍문도 있다. 떨어지면 군대다.

선배한테 족보도 받고 해서, 3학년 여름 방학부터 시작했다. 달달 외웠는데 양도 많고, 모르는 내용을 외우려니 안 외워졌다. 또 4학년 때는 왜 그렇게 허리가 아팠던지, 너무 아파서 4학년 여름 방학부터는 거의 5개월을 누워서 공부했다. 합격하니 허리가 하나도 안 아팠다. 합격하다니! 합격하니 너무 기뻤다. 내 인생에서 이렇게 열심히 해 본 적이 없다. 같이 합격한 친구 아버지가 신촌 복어집에서 거하게 쏘셨다. 얼마 전에 그 친구 아버지 부고를 접하니 그때 생각이 다시 났다.

여러 대학에서 세라믹 공학과와 금속공학과가 합해서 신소재 공학과로 개명했다. 세라믹 공학과가 너무 좋다. 나한테 맞는 것 같다. 상고 대신 인문계를 선택했고, 목표인 취직을 하려고 전자과를 1순위로 했는데, 미끄러져 세라믹 공학과를 갔다. 그리고 과학원(KAIST)에 진학했다. 과학원(KAIST) 석사 마치고 친구가 박사 과정에 진학해서 나도 했다. 박사 과정 졸업식도 하기 전에 회사 갔다. 그런데 일도 재미없어서, 이런저런 고민이 컸다. 병역 특례 3년하고, 생각지도 않은 현재 학교에서 근무하고 있다.

삶은 운이고 새옹지마다. 다시 느낀다. 살수록 가슴에 와닿는다. 인생은 선택이고, 운이다. 선택이라고 해서 정말로 내가 선택한 것은 없고, 그것을 잡을 수밖에 없었고, 운도 선택된 결과에서 결정된 요행인 것 같다. 너무 애쓰지 말자. 그렇다고 손 놓고 있으면 운도 선택도 안 좋은 쪽으로 가는 것 같다. 뭐가 되었던지 죽자고 하지는 말자. 할 수 있는 만큼만 하자. 문고리 많다. 이것 안 되면, 저것 잡고 돌리면 되는데, 하나에 인생을 걸지는 말자. 사실 생에서 목숨 걸고 할 일은 많지 않다. 거의 없다. 대부분은 노력 없이도 그냥 주어지고, 얻어진다. 공기, 물, 전기, 친구들이 그런 것들 중 하나다. 자연적인 것도 있고, 선조들, 아버지들이 깔아 놓은 인프라일 수도 있다. 여기에 감사하기보다는 부족한 하나에 집착하니, 삶이 고달프다. 20대, 30대 때에 특히 더하다. 그런데 그러지 않으면, 새로운 것, 부족한 것 채우려 노력하고, 울고, 웃지 않으면 20대, 30대가 아니다.

다른 문고리 잡는 것은 물리적으로, 화학적으로 끝까지 해 본 다음에 잡자. 실패든 성공이든, 끝까지 가 보자. 끝을 아는 것은 실패나 성공 여부를 떠나 중요하다. 아니 성공보다도 실패에서 더 많은 것을 배울 수 있다. 피상적으로, 단기적으로 이것저것 마구 만지지는 말자. 초조한 인생에 되는 것 없고, 배우는 것도, 얻는 것도 없다. 몸과 마음만 피곤하고 바쁘고, 아무것도 안 된다.

과학원(KAIST)에 합격하고, 지금 생각하니 아쉬운 점이 있다. 당시 서울 화곡 시장에서 아버지가 고추 방앗간을 하셨는데, 장사가 안 되었다. 아들의 과학원(KAIST) 합격 현수막 광고를 했으면 장사가 더 나았을 텐데 하는 아쉬움이 진하다. 홍보에 대한 개념이 아버지나 나나 모두 너무 없었다. 과학원(KAIST) 신입생 총수가 250명 정도였고, 금속 분야와 세라믹 분야가 합해진 재료공학과 신입생 총원이 30명 중 22명이 금속 분야였고, 우리 때 가장 많이 뽑아서 세라믹 분야가 8명이었다. 아쉽다. 절호의 홍보 기회였는데! 하지만 놓친 기회를 이제야 생각하는 것은 부질없는 것이고, 인생을 살면서 아쉬운 점이 어찌 이것 뿐이겠는가?

3-2 홍릉 과학원(KAIST) 석사 시절

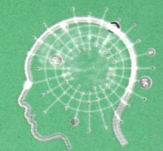

지금은 과학원(KAIST)이 대전에 있지만, 1985년에는 홍릉에 있었고, 지금과 달리 학부생이 없었다. 대부분 2층 침대가 있는 기숙사 생활을 했다. 술 먹고 2층 침대에서 자던 친구가 바닥으로 떨어져서, I See! 하고 다시 올라가 잤다는 이야기도 나름 유명하다. 실험실은 1학년 말 겨울 방학 때 선택해서, 1학년은 수업 듣는 것 외는 특별히 할 것이 없었다.

낮에는 수업 듣고, 밤에는 숙제도 하고, 그리고 만화책 정말 많이 봤다. 술하고 담배를 안 해서 그런 친구들과 함께 보았다. 중학교 이후로 만화를 안 보았는데, 만화 필독서인 《신의 아들》, 《공포의 외인군단》 등등을 빌려도 보고, 가서도 봤다. 기숙사 이 방 저 방에 제일 많은 것이 만화책이었다. 초등학교 때도 만화를 많이 보았는데, 얼마를 내면 온종일 볼 수 있던 곳도 있었다. 단, 화장실이 안에 없어서 나가면 끝이었다. 소변 미리 보고, 만화 보면서 참느라 힘들었다. 이웃집에 50권인 세계 소년 소녀 문학 전집이 있었다. 너무 재미있어서 눈치 보며 그 집에서 빌려다가 모두 읽었다. 초등학교 때 제일 잘한 일 같다. 중학교 때까지 집에 전화도 TV도 없었다. 초등학교 때는 만화 가게 창문 틈으로 TV를 본 기억이 있다. 〈황금박쥐〉, 〈철인 28호〉, 〈로보트 태권V〉 등도 재미있었다. 기억에 남는 걸작은 대학교 1학년 때, 일요일 날 아침에 방영하는 〈미래 소년 코난〉과 〈은하철도 999호〉였다. 이것을 보려고 일요일도 일찍 일어났다. 만화도 재미있었고, 문학 전집도 재미있었고, TV도 재미있었다. 딸이 어릴 때 본 〈미소녀전사 세일러문〉과 망치 같은 것으로 이쪽 세상 저쪽 세상으로 넘나들던 것도 생각난다. 정서와 상상력에 많은 도움을 주었다.

기숙사 생활이 나쁜 점도 있었고, 좋은 점도 있었다. 아침 식사를 원내 식당에서 했다. 그런데 늦게 가면 주로 느끼한 북엇국을 준다. 석, 박사 5년간 먹었더니, 지금도 북엇국을 안 좋아한다. 한 친구는 자면서 이를 정말 심하게 갈아서 한 학기 내내 정말 힘들었다. 1학년 여름 방학 때 4주간 신병 군사 교육을 받았는데, 아침 일찍 학교에서 버스로 출발했다. 기숙사 신청 안 한 친구들도 모두 들어와서 여기저기 바닥에서 대충 자고 출발했다. 교육 후 다시 기숙사로 돌아온 저녁에는 이야기로 왁자지껄했다. 젊어서 가능했고, 아득한 추억이다.

석사 2년 차에 전자요업 실험실에 들어가 실험을 했다. 실험실의 새로운 연구 주제여서 노(Furnace), 계측 시스템 등의 모든 장비를 내가 꾸미며 했다. 지금은 장비를 대부분 사서 하지만 그때는 대부분을 만들어서 했다. 많이 쓰는 것과 고가의 것들은 자재 창고나 업체에서 구매했다. 그 외 대부분은 청계천과 세운상가를 쓸고 다니며 직접 구매해서 제작했다. 구매한 물품들은 후결제했다. 정말 많은 것이 필요했지만, 실험 용품과 아닌 것의 경계가 모호한 것도 있었다. 실험실 계정 담당자가 고민하다가, "걸리면 내가 감옥 가지." 하면서 검수해 준 것도 기억난다. 한 번은 실험 장비 이전하다가 220V에 감전되었다. 아무 말 없이 조용하게 자리에 앉아 있다가, 기숙사 가서 그냥 잤다. 1년 후배가 장비를 꾸몄는데, 놓을 곳의 출입문보다 장비가 커서 다시 분해해서 재조립했던 것도 생각난다.

　나는 머리가 좋기보다는 노력형 같다. TEM(투과 전자 현미경)이라는 과목 수강했다. 시험 때 며칠을 공부해서, 간신히 민망한 점수를 피했다. 그런데 가끔 서너 시간 공부하고도 상위 점수를 받는 친구가 있다. 능력 차다. 재료 공학계의 모차르트다. 당시 기분은 잘 기억나지 않지만, 지금 둘러보니, 그런 친구들이 모두 성공한 것도 아니다. 나도 살리에리가 아니다. 내 인생에 만족하고, 행복은 성적순도, 성공순도 아니다. 다만, 그런 친구들을 옆에서 볼 수 있었고, 기억할 수 있어서, 좋고 행복하다. 기숙사에서 실험실에 일찍 가고 밤늦게 돌아오니, 계절 감각이 떨어졌다. 4월 말인가 5월 초인가 실험에 필요한 것을 사러 청계천에 가는 버스를 타니, 나만 파카를 입고 있었다. 실험이 너무 재미있었다.

지도 교수에게 고마운 것은 내가 실험한 것이 새로운 테마라 돈이 많이 들었는데 그것을 다 지원해 주셨다. 실험 주제의 직계 선배도 없고, 실험비도 나름 잘 지원되어, 이것저것 내 마음대로 해 보니 나는 좋았다. 지도 교수님은 연구비 따는 것에 관심이 많으시고, 실험 주제를 정하는 것 외에는 원생에게 전적으로 맡기셨다. 즉, 학생 지도는 소홀한 점이 있었다. 그래서 다른 실험실은 들어오고, 잘 훈련받아서, 나갈 때 더 스마트하게 나가는데, 우리 실험실은 들어온 대로 나간다고 푸념한 적이 있다.

내가 박사 1년 차 때, 드디어 후배가 사고를 쳤다. 석사 졸업식 회식에서 실험실에 아쉬운 점 이야기하랬더니, 지도 교수님에게 공부 좀 하셔야 한다고 했다. 그리곤 실험실 졸업생 모임에 다시는 안 온다. 실험실 졸업생 모임에 안 오는 그룹이 또 있는데, 지도 교수님이 늦게 결혼했다고 학위 중에 결혼을 금지하셨다. 남자도 그렇지만 여자 쪽은 과년한 딸이 언제 딸지 모르는 학위만 기다리니 미칠 노릇이었을 것이다. 그래서 지도 교수에게 안 알리고, 몰래 결혼한 원생이 다수 있었다. 이들도 졸업 후 다시는 안 온다. 옳은 말도 장소와 때가 있고, 학문 이외의 인륜대사에 너무 깊이 관여하여 상호 간 신뢰가 깨진 결과이다.

석사 2년 차들은 찬바람 불면 몸과 마음이 모두 정신없다. 가을 학회에 한 번은 발표해야 하고, 장비 꾸미고 뭐하고 하면서 4-5개월 예비 실험하고, 본 데이터 얻으려니 모든 실험실이 밤새고 실험한다. 기숙사 가는 시간은 잠깐 눈 붙이려, 시간 날 때 간다. 실험 장비, 분석 장비 모두 일정이 가득하다. 대부분, 평일은 당연하고, 토요일 포함 일요일도 실험한다. 그래도 분석 직원들 행정 직원들이 잘 도와주고, 밤새워 실험한 덕에 대부분은 가을 학회에 발표했다.

 태양 전지 실험실에 있는 친구는 전지 효율이 남들이 논문에 발표한 정도면 졸업 못 한다고 했다. 그 이상이어야 졸업한다고 장비에 붙어 기도하며 실험한다고 했다. 지금은 26% 정도 되지만, 80년대 후반에는 10%대였던 것으로 기억한다. 이 실험실 시약에 유독 성분을 많이 썼다. 실험실 문을 열어 두면 공기 배출 압력 때문에 자동문이 아닌데도 저절로 실험실 문이 닫혔다. 그때는 자동문이 없었다.

 이렇게 실험하고 발표해서 석사를 졸업했다. 석사 졸업 논문을 박사 1년 차에 영어로 써서 미국 JACS(Journal of American Ceramic Society)에 투고했다. 영어 번역이 힘들었다. 어떤 실험실은 지도 교수가 투고 논문 가져오라 해서, 그냥 대충 몇 군데 동그라미 크게 치고 수정하라면, 거기서 몇 시간이고 사전 보고, 논문 보고 수정했다. 그렇게 한두 달 하고, 투고했다는 이야기도 있다. 잘 보고, 생각하고, 수정하라는 의미일 것이다. 지금은 구글의 번역 알고리즘이 잘 되어 있어서, 한글만 잘 쓰면 번역도 잘해 준다.

 좋은 데이터 얻는 실험과 데이터를 논리적으로 구성하고, 그들 방식으로 영어로 표현하는 것은 별개다. 영어 못하는 한국인의 비애다. 과학원

(KAIST)은 박사 학위 졸업 요건이 외국 우수 학문 저널에 최소 한 편은 실어야 하는 것이었다. 지금은 JACS가 아주 우수한 논문이라 하기 힘들지만, 당시는 여기에 논문 싣고, 졸업하는 것이 세라믹 전공자의 희망 사항 중 하나였다. 영어 투고 논문에 벌겋게 수정할 곳 표시되어 돌아오면, 수정해서 다시 보내고 하는 두어 번의 수정을 거쳐, 최종적으로 3차 교정 후에 출판이 결정되었다. 좋았다. 이렇게 석사가 마무리되었다.

3-3 홍릉 과학원(KAIST) 박사 시절

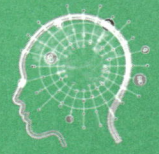

사실 박사 과정에 꼭 올라가고 싶은 마음은 그다지 없었다. 그냥 친구들 대부분이 올라가서 나도 진학했다. 공대생 석사는 학사보다 실험을 실제로 해 보았다는 정도지만, 박사 과정은 실전이다.

박사 과정은 수업도 듣고 실험도 하지만, 석사와 달리 정부나 산업체의 과제 계획서 및 결과 보고서를 대부분 2~3건씩 쓰고 졸업했다. 논문도 졸업 이전에 출간 혹은 게재 확정이어야 한다. 지금은 많이 달라졌고, 실험실별로 차이도 있지만, 어떤 과제를 응모하겠다고 하면 박사 과정이 세부 내용 조사, 과제 계획서 및 발표 자료 작성 등의 대부분을 다 했다. 그리고 발표할 지도 교수와 상의한다. 일반 대학들은 교수가 대부분을 하지만, 과학원(KAIST)은 박사 과정 학생이 대부분을 한다. 그래서 과학원(KAIST) 과제 계획서 수준이 낮다고 종종 이야기된다. 그런데 이런 것들이 나중에 취업하면, 엄청나게 도움이 되어서, 과학원생이 돋보이는 결과이기도 하다. 또 돋보이게 하는 것이 실험 장비 제작 혹은 수리 능력일 것이다.

나는 석사 과정의 고온 써미스터 및 결함 특성에 물질을 바꾸고, 다시 실험해서 졸업할 생각이었다. 그런데 석사 마칠 때쯤 고온 초전도체라는 것이 발견되어 전 세계가 이것을 한다고 난리였다. 1987년 박사 1년 차에, 나의 지도 교수님도 이것을 하라고 했다. 완전히 다른 테마다. 하기는 해야겠는데 아는 게 너무 없다. 초전도체는 물리 기반이어서 현대 물리 공부도 하고, 초전도체 이론 수업도 듣고, 반도체 물리 수업도 타과에서 들었다. 반도체 물리는 2시간 내내 모르는 식만 노트 7, 8장씩 필기했다. 그러나 축적된 기본 초식(招式)도 없고 풍월이 약하니, 절대적으로 안 되었다. 고온 초전도체 논문은 수도 없이 발간된다. 도서관에서 논문 찾고 인쇄하면, 너무 많아서 뭐부터 읽을지도 몰랐다. 고온 초전도체 연구 결과는 세상으로 고온 초전도체 우박이 마구 떨어지는 것과 같았다. 옥석을 가려서, 읽기 보다는, 그냥 떨어지는 것을 보는 것 외는 대안이 없었다.

어찌할까?
머리털이 마구 빠졌다.
아, See ballet!
나중에 3천5백 모 심었다. 지금은 보기 좋다.

물리과처럼 접근하면 도저히 졸업 못 한다. 석사 때의 것을 응용해서 재료 공학적으로 접근하자. 실험하고 지도 교수님이 외부 발표한다고 하면, 자료를 만들어도 들였다. 지도 교수님은 여전히 실험 비용을 잘 대어 주었다. 초전도체 계측 장비를 정말 비싸게 주고 구매했다. 80년대 후반, 당시 서울 집값의 절반 정도였을 것이다.

88년도 올림픽이 열렸다. 실험 중 10분마다 계측을 해야 하는데, 자동화가 안 된 상태였다. 고온 노이즈가 커서 수동 계측이 더 편했다. 타이머 걸고 앞 실험실에서 TV 보며 응원하다가 와서 계측하기를 반복했다. 무더운 여름에 초전도체 국내 학회를 대관령 평창에서 했다. 여름이었는데 거기는 낮에는 가을 날씨였고, 밤에는 추워서 이불을 덮고 잤고, 잠도 잘 왔다. 강릉 해수욕장 가는 리조트 버스도 있었다. 부담감도 크고, 힘들었지만 추억의 장소다.

삶은 속도보다 방향이 중요하다고 했다. 맞는 말이다. 그런데 고온 초전도체는 방향보다 속도가 중요하다. 새롭고, 중요하고, 의미 있는 것보다는 남들이 안 하고, 못했던 빈틈을 노려야 한다. 특히 졸업하려면! 특히 고온 초전도체에서는 그렇다.

일본 물리학회 레터즈와 응용 물리학회(Apply Physics Society) 레터즈에 논문이 게재되었다. 내가 실험한 결과가 다른 실험자에게 의미가 있는 한 점이 되었으면 했다. 징검다리를 건너는 이를 위한 중간 디딤돌이 되었으면 했다. 고온 초전도체에서는 불가능하다. 실험은 재미가 없다. 논문의 질은 떨어지지만, 졸업 요건은 되었다. 교수님에게 찾아가서 이런저런 이유를 대며 졸업하고 싶다고 했다.

교수님은 "학위는 따는 것이 아니라 받는 것이다."라고 하며 매우 화를 내셨다.

교수님이 한두 달 후, 학위 발표 준비를 하라고 하셨다. 3년 만에 박사 학위 졸업을 했다. 3년 졸업은 당시도 현재도 우리 실험실, 동기 중 최단기 졸업이다. 다음 빠른 분이 3년 6개월 하셨고, 대부분 박사 과정을 5년 정도 한다.

이제 드디어 취업이다. 그렇게 원했던 취업 조건이 다 되었다. 그런데 갈 곳이 없다. 대부분 연구소에서 초전도체 연구는 계속하고 있지만, 초전도체 초기인 1989년 전에 필요한 초전도체 연구원 및 국내외에서 학위 받은 사람을 이미 다 뽑아서, 갈 곳이 없다. 반도체 회사에서는 인력 충원이 한창 중이었다. 그래! 재미도 없고, 동기도 부족했던 초전도체 포기하고, 반도체 회사에 가서 새로운 의미를 찾자.

1990년 초에 과학원(KAIST) 선배가 자기가 있는 삼성 반도체에 한번 와 보라고 했다. 다른 반도체 회사도 가 보았지만 거기는 레이저 프린터 관련 연구로 업무가 달랐다. 호봉은 높았지만, 정식 반도체 업무가 아니었다. 삼성반도체 이사에게 인사하러 갔더니, 다음 주부터 과장(선임)으로 출근하란다. 1990년 1월 8일부터 출근했다. 박사 학위 졸업식은 2월 22일이었다. 이렇게 취업했다.

3-4 회사에서 학교로

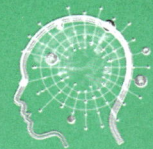

　드디어 취업했다. 그런데 멀다. 출근 시간은 8시 30분까지 도착해야 하고, 법정 퇴근 시간은 오후 6시지만, 9시 이후 퇴근했다. 초기에는 자가용 차가 없어서, 화곡동에서 버스 타고, 영등포에서 회사 차 타고 기흥까지 8시 15분 정도에 도착한다. 출근하는데 2시간, 1990년에는 경부 고속 도로가 2차선이어서 퇴근도 2시간 정도 걸렸다. 출퇴근 시간이 4시간 이상 걸렸다. 특히 평일 퇴근은 9시에 나가도 일찍 나간다고 눈치 받는 시절이어서 10시 다 되어 퇴근했다. 토요일 3시경 퇴근하고, 일요일도 한 달에 2번 정도 쉬었다. 자가용 차가 생겼어도, 정말 집에서 잠깐 눈 붙이고, 일어나 대충 씻고 월화수목금금금으로 출근했다. 1년 후에 결혼해서 수원시 원천동에 사니 20분이면 출근할 수 있어서 좋았다. 그러나 그것도 잠시, 일이 힘드니 다시 똑같이 힘들었다.

회사 업무는 DRAM의 트랜지스터의 공정 기술 개발 업무였다. 직속 상사가 과학원(KAIST) 선배인데, 최연소로 승진한 분이었고 야망이 크셨지만, 일을 안배해 주기는 했다. 내가 있던 팀의 반도체 연구는 6인치 웨이퍼가 25장 든 한 상자(Run)를 라인에 투입하며 시작된다. 16 MDRAM이 개발 중이어서, 한 상자(Run)가 반도체 라인에 투입, 진행되면 소나타 한 대가 지나간다고 했었다. 연구와 감가상각 때문에 최소 주에 1상자는 투입해야 했다. 투입된 웨이퍼 공정 관리는 내 팀이 담당했다. 약 한 달 후 생산된 웨이퍼에 대해 이런저런 분석과 계측을 하고 기술 보고서를 작성한다. 그리고 결과를 바탕으로 웨이퍼를 재투입해서 특성을 개선한다. 우리는 트랜지스터 단계 전후까지만 보기에 한 달이고, 16 MDRAM 전체 단위 공정은 500개 정도 된다. 전체 공정을 모두 거치고 나올 때까지는 약 2달에서 3달 정도 걸린다. 양산 중인 4 MDRAM의 크기를 줄인 다음 버전(Shrinkage Version)을 평가하기도 했다. 16 MDRAM과 64 MDRAM의 트랜지스터의 Gate Oxide 개발에도 참여했다. 256 MDRAM의 Gate Oxide를 개발하다가 퇴사했다. 지금은 반도체 기술 수준을 256 MDRAM과 같은 집적도 대신 가공 선폭으로 평가한다. 한국이 잘하는 DRAM 분야는 가공 정도가 10nm 정도 되고, NAND FRASH 메모리는 3D의 적층 정도가 기술 수준이 되어 SK하이닉스가 238단을 2022년에 발표했다. 대만 TSMC로 대표되고 한국이 고전을 면치 못하고 있는 Foundry는 2022년 3nm 가공 정도가 세계 최고 수준이다.

반도체 회사에서 기억나는 것은 몇 가지가 있다.

기술 교육을 정말로 많이 받았다. 관리의 삼성이 아니라 교육의 삼성이다. 3년 재직 중 6개월은 교육 받았고, 입사 교육 및 과장 업무 교육도 있었다. 기술 실무 교육을 기흥 반도체 연구소 옆의 삼성 첨단 기술 연구소에서 기숙하며 총 5개월 정도 받았다. 주중 배운 것을 토요일 오전에 시험 보고 외출했다. 오늘날 반도체 지식이 현장 업무와 함께 교육 과정에서 얻은 것이 상당하다.

업무 교육하던 관리 이사가 주말에 일하다가 볼펜이 안 나오면 어찌하냐고 객관식으로 물었다. 1번은 일 안 하고 퇴근한다. 2번은 나가서 사다가 일한다. 3번은 옆 책상 것 가져다가 일한다. 1번이 정답이란다. 일하지 말고 퇴근하란다. 사람의 본성은 자기 것 쓰면, 그 이상을 가져가니, 회사가 지원 안 하면 일하지 말란다. 현실과는 달랐지만 관리 이사는 그렇게 이야기했다. 또 다른 교육에서 서부 영화의 클린트 이스트우드와 일반인의 차이가 뭐냐고 물었다. 클린트 이스트우드와 같은 서부 영화 주인공은 총 솜씨가 워낙 뛰어나서 법을 안 지킨다고 했다. 성과가 좋으면 출근 여부에 굳이 신경 안 쓴다고 했다. 그런데 여러분은 평범하니까 성실하게 회사 다니라고 이야기했다. 성과 없이 튀는 사람을 솎아 내는 것이 본인 업무라 했다. 관리의 삼성이지만 실력도 중요하다. 뭐 그런 이야기다. 심성은 기본이란다.

이사랑 부장이랑 대판 싸웠다. 부장 ㅅㄲ가 감히 이사한테 대들다니 했더니, 야! 이 ㅅㄲ야! 누가 회사 오래 다니는지 보자고 했다. 부장이 오래 다녔다. 연구소 소장 미팅이 매주 수요일 밤에 있었는데, 소장이 욕을 잘했고, 가끔 화나면 재떨이도 던진다고 했다. 소장이 재떨이 던지면 피하지 말고 무조건 맞아야 승진하고 오래 남는다고 했다. 실제 욕은 들었지만, 재떨이 던지는 것을 본 적이 없다. 욕도 쌍시옷 정도였고, 초임 과장에게는 하지도 않았다. 1천여 명 이상을 데리고 일하는데, 실력 없이, 격 없이 하지는 않는다. 대기업 회사도 내부적으로 보면 재미있고, 결국은 인간사다. 사람도 많고, 이런저런 회의도 많으니, 많은 에피소드가 금방 알려진다. 회사는 정말 흥미진진하다.

또 다른 이사는 서울대 학사, 과학원(KAIST) 석사, MIT 박사하고, 미국 반도체 회사에 있다 왔는데 정말 해박했다. 그래서 저 이사가 걸어가면 또각또각 소리가 나고, 우리가 걸어가면 푸식푸식 소리가 난다고 농담도 했다. 1990년대 초부터 공과 대학 반도체 분야에 더는 우수 인재가 오지 않는다고 연구소 소장 회의에서 이분이 걱정했었다. 오늘날 현실이 되었고, 알게 모르게 대한민국 반도체의 국제 경쟁력이 떨어진 듯하다.

내가 있는 곳이 반도체 연구소고 초창기라서 그런지 들어오는 박사도 많고 나가는 박사도 많았다. 국내외 박사들이 정말 많이들 들어왔다. 그런데 1년 후를 보면 50%는 퇴사했다. 기간이 늘면 더 퇴사가 많아서 최종적으로는 몇 명 안 남는다. 이사는 다르다. 6시 정도에 출근해서 아침 운동하고, 밤 10시 넘어서 퇴근했다. 최종적인 소수가 여기에 속할 것이다.

삼성 반도체 과장이라고 특별한 게 없다. 일본 물리학회 발표장에 가면 삼성 반도체 과장들이 발표장 첫 줄에 앉는다. 그리고 카메라 들고, 당시의 DRAM 선두 회사인 NEC, 도시바 등의 일본 회사 발표 내용을 무조건 찍었다. 출장 후 필름 인화해서 책상에 펼치고, 기술 정리해서 발표하고, 보고서 내야 출장이 마무리되었다. 오늘날 삼성반도체는 적기 투자도 중요했겠지만, 구성원도 정말 열심히 했다. 대한민국 전체가 열심히 했다.

나의 일은 트랜지스터의 공정 기술 개발과 신뢰성 평가가 주였다. Gate Oxide 두께 한계를 평가했고, 기타 실리콘 4가와 같은 카본 4가의 영향을 알기 위해 카본 임플란트 등도 해 보았다. 여러 평가를 진행했지만, 신기술의 유의차보다는 종래 기술이 안전하고 확실해 보였다. 즉, Gate Oxide는 256 MDRAM까지 기존 공정 기술로 가능할 것 같았다. 트랜지스터 공정은 약간의 조정이 필요하지만, 전체적으로 종래 기술을 적용해도 문제가 없는 것으로 파악되었다. 제품 공정 기술에는 문제가 없으나, 나에게는 문제다. 문제가 있어야 개선하고, 양산에 적용해서 성과가 나온다. 문제가 없으니, 성과도 없고 나의 존재 이유도 희박하다. Gate Oxide가 트랜지스터의 핵심 요소로 누군가는 봐야 하는 것도 맞지만, 현 단계에서는 공정 요인보다는 설계 요인이 강하다. 아무리 열심히 해도, 내가 성과를 내기 힘들었다.

회사 업무가 힘들고 재미도 없다. 부장하고 사이도 안 좋다. 병역 특례 3년이 끝날 때쯤, 학교에 가려고 알아보았다. 지도 교수님도 몇 개 대학을 가 보라고 추천했다. 가면 이미 다른 박사가 있었다. 4-5군데 계속 떨어졌다. 현 직장을 그만두어야 하는데, 갈 곳 없는 불확실한 미래만큼 고민되는 것은 없다. 애는 커 가고, 여기는 싫고, 갈 곳은 없고, 정말 밤에 잠을 못 잤다. 내 인생에서 가장 힘들고, 괴로웠던 기간이 이직을 고민하던 때였다. 다시 돌아가고 싶지 않다. 이직을 도모하는 모든 직장인이 그럴 것이다. 박사 과정에서 테마 바뀐 것, 더 나아가서 과학원(KAIST) 입학시험 볼 때의 불확실성은 고민 축에도 안 든다. 인생 자체를 되돌아보게 한다. 젊은이의 퇴직은 정말 사람을 병들고 늙게 만든다.

퇴직 후 10년이 더 지난 2000년대 초까지, 매년 한두 번 삼성에서 일하는 꿈을 꾸었다. 악몽이다. 현역으로 군대 다시 가는 것이 이런 기분일까? 3년이 길지는 않았지만, 큰 애증의 세월이었다. 삼성에서 배운 현업의 공정 기술 및 반도체 지식, 그리고 인맥이 학교에서는 큰 자산이 되었다.

학교로 이직을 포기하고, 다시 상사인 부장에게 충성 맹세를 하고, 회사를 성실히 다닐까 생각하고 있었던 중, 2월 19일경에 현재의 학교에서 연락이 왔다. 4일 후가 공개경쟁 발표란다. 공개경쟁 발표하고, 2월 말경 최종 합격 통보받으니, 신학기인 3월 2일부터 출강하란다. 번개 불에

콩 볶기다. 회사에서 일을 인수인계하기는 기간이 짧아서 2주 늦추었다.

  1993년 3월 15일경에 출근해서 현재까지 다닌다. 나중에 들으니 전자요업 분야 학부 강의 교수를 채용하려고 했는데, 학위로 고온 초전도체를 해서 나를 뽑았다고 한다. 정말, 학위 졸업 목적 외는 다시 하기 싫었던 초전도체가 나를 살렸다. 학교 와서 강의도 실험도 초전도체를 하지 않는다. 초전도체는 정말로 잘 할 수 있는 물리 기초가 튼튼한 사람이 해야지, 나는 아닌 것 같다. '전자요업' 강의를 했고, 나중에 보강해서 '전자 재료'로 바꿨다. 반도체 회사 경험을 바탕으로 '진공 및 박막공학'도 강의하고 있다. 내가 생각해도 잘 가르친다. 수업 평가도 괜찮다.

3-5 공과 대학 교수가 되었다

　　삼성전자 반도체에서 근무하다가 교수로 왔다. 여기 오기까지 갈등도 있었다.

　　임용 첫해는 원생도 없고, 9시간 강의만 하니 정말 자유 시간이 많다. 학교 오니 좋은 것 중 하나가 내 방이 있다는 것이다. 회사는 이사, 상무 이사도 파티션 공간만 넓었지 방이 없었고, 전무 이사는 되어야 방이 생긴다. 나만의 방, 8평 방이 생겼다. 남 눈치 보지 않고 있을 공간이 생긴 것이다. 모름지기 혼자 있어 보고, 혼자서 무엇 하는지를 보면 군자인지 아닌지를 안다고 했다. 뭐가 되었던 좋았다. 강의도 하고, 책도 읽고, 산책도 했다. 틈이, 여유가 있어 좋았다. 구속받는 것이 없으니, 정말 자율 속 자유다.

첫 학기 강의는 물리화학, 공업 수학, 전자요업 이렇게 했다. 오래간만에 하는 강의라 준비는 힘들지만, 회사와 비교하면 조족지혈이다. 어려운 곳에 있어 봐야 좋은 것을 안다. 행복하다. 다 잊어버린 것들, 엉성하게 배웠던 것을 회상하며, 관련 책들을 보고 강의 준비를 한다. 배우는 것과 가르치는 것은 달라서, 가르칠 때 정말로 제대로 배운다. 월급도 받고, 공부도 한다. 물리화학은 원리가 있어서 좋았다. 그런데 첫해는 원리에 따라서 잘 가르쳤는데, 강의 준비가 완료된 다음 해부터 점점 대충 강의해서, 새로운 신임 교수에게 넘겨주었다. 공업 수학도 재미있었다. 매시간 풀어 주고, 연습 문제를 리포트로 받았다. 이런저런 이유로 이것도 신임 교수에게 넘겨주었다. 지금은 1학기에 AutoCad, 진공 및 박막공학, 캡스톤1을 강의한다. 2학기는 전자 재료, 전자 재료 실험, 캡스톤2를 강의한다. 학과장이 바꾸려고 하지만, 최소 시수라고 항의해서 원래대로 해 놓는다.

CAD(Computer Aided Design)는 인터넷에서 듣고, 다시 엑기스를 추려 실습 강의한다. 좋은 세상이다. 프로그램이고, 코딩이고, 그래픽이고 본인이 원하면 인터넷에서 다 배울 수 있다. 15년 전 T자로 연필 제도하던 교수가 은퇴하면서 이어받아, 재료 CAD로 강의한다. 인터넷에서 배워 컴퓨터 CAD로 실습 강의한다. 학원처럼 가르친다. 내용도 좋다. 4학년의 캡스톤(Capstone) 과목에서는 역설계를 실습한다. 실용 제품을 그려 보는 것과 연계해서 하니, 취업 연계성이 좋아서 많이들 듣는다.

전자 재료 실험은 사연이 많다. 과학원(KAIST) 실험이 오후 2시에 들어가면 저녁 10시 나오는 것도 있었다. 물론 잘하면 훨씬 일찍 나온다. 미션이 끝나야 나온다. 디지털 회로 꾸미는 실험이었는데 인상이 깊었다. 과학원 원생 때, 재료를 하면, 회로를 알고, 전기 · 전자 부품을 해야 하고, 최종적으로 물리를 알면 좋다고 했다. 초전도체를 하면서 절실히 느꼈다. 학부생에게 맞도록 디지털 회로를 좀 더 쉽게 꾸미는 방법을 궁리했다. 센서 모듈로 PCB(Printed Circuit Board)를 만들고, 회로도와 부품을 학생들에게 준다. 회로도대로 전자 부품과 도선을 납땜하고, 테스터로 측정해서 원하는 값이 나오면, 그날 시험은 종료된다. 센서 모듈에는 전원부, 통신부, 디스플레이부, 데이터 변환부, 센싱부, MCU부로 나누어 구성했다. 일반적으로 상업 제품 모듈도 이렇게 구성된다. 납땜 외관 평가도 있지만, 선착순 평가하니 몰입도가 좋다.

그런데 학과에 전자 재료 공용 실험실이 없어서 강의실로 기기 옮겨다 몇 년째 실험하고 있다. 몇 년째 요구해도 학과장이 일반 재료 전공 출신이라 공간이 남아도 안 준다. 2022년 공대에 반납한 내 공간의 장비를 치우고, 여기에 수강생 들어갈 장소를 만들었다. 책상, 의자, 납땜 기기, 테스터, 컴퓨터 등을 설치해서 학과와 무관하게 실험한다. 내가 까칠한 것도 있지만 완장 역할도 크다. 학교에 30년 있었으니, 학과를 안 통해도 대충은 산다. 이렇게 학교생활하고 산다. 교수 세계에 말이 있다. 미꾸라지 10마리는 줄을 세워도, 교수 2명을 줄 못 세운다. 좋게 이야기하견 자유도가 높고, 나쁘게 이야기하면 똥고집이다.

그럼에도 불구하고 학교가 정말 좋다. 평등 사회라서 기본만 하면 태클 거는 놈이 없다. 그런데 월급이 회사보다 너무 적다. 지금은 차이가 더 크지만, 1993년에는 학교의 임용 교수의 월급이 회사보다 약간 적거나 거의 비슷했다. 그런데 보너스가 없다. 회사는 800에서 1000% 보너스를 받으니 보너스로 생활하고, 월급은 저축한다. 학교 월급으로는 생활하기도 빠듯하다. 법조인은 가족이 좋고, 의사는 아내가 좋고, 교수는 본인만 좋다고 했다나! 하여튼 월급이 적다.

이런 일화도 있다. 1990년 초 신군부 집권기때, 교수가 월급 적다고 하니, 신군부 관련자가 얼마냐고 물었다. 얼마입니다, 라고 답했다. 그랬더니 적네, 라고 했단다. 다시 신군부가 물었다. 몇 시간 일하냐? 다시 답했다. 9시간 강의합니다. 충분하네, 됐네! 라고 했단다.

월급에서 내 희망은 삼성 반도체 과장 월급만큼만 받는 것이다. 이사도 아니고, 부장도 아니다. 과장이다. 정교수 된 지도 오래 되었지만, 여전히 삼성반도체 과장 월급보다 적다. 한참 적다. 어디 가서 급여 이야기는 꺼내지도 못한다. 지금도 아내가 급여 적다고 투덜투덜한다. 사립대는 힘들고, 매달 월급 나오는 것을 감사하게 생각해야 한다고 위로 겸 변명한다. 아내는 용띠고 나는 호랑이띠다. 아내는 용띠 그대로인데, 나는 고양이 된 지 오래다.

교수도 학교도 교육에 대해서 고민한다. 20세기는 그냥 대충 가르치면 알아서들 공부했다. 그래서 명문대를 선호했을 것이다. 이제는 이렇게 가르치면 학생들이 인터넷에 올리고, 여기저기 불려 다녀야 하고, 배울 것도 얻을 것도 없다. 칠판에 필기해서 가르치던 때에 비해서 PPT(Powerpoint) 강의, 원격 강의가 활성화되었고, 가르치는 양도 2, 3배 늘었고, 진도도 확실히 나간다. 원하면 유명 강의가 인터넷에 많이 있어서, 이제 이들이 경쟁자다.

3-6 IMF와 미국 객원 교수 1

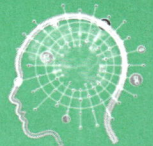

대학교로 이직 후 연구 주제는 반도체 관련이 주였다. 그러나 박막 장비는 너무 비싸서 과학원(KAIST) 실험실에서 어깨너머로 배운 압전체와 유전체를 하려 했다. 압전체 유전체는 수동 소자로 능동 소자인 반도체와 특성 및 연구 요소가 매우 달라서 깊이 있게 들어가기 힘들었다. 고민이다. 초전도체는 쳐다보기도 싫고, 반도체는 장비값도 장난이 아니고, 유지 보수에도 돈이 많이 든다. 어떤 방향으로 연구 방향을 잡지! 학교 온 지 5년이 흘러, 외국에 객원 교수로 갈 수 있는 자격이 되었다. 어떤 분야를 잘 선택해서 새롭게 거듭나야 한다. 옆방 교수가 유럽 가서 반도체 분야 객원 교수할 것이면 자기가 추천해 주겠다고 했다.

이런저런 분야를 검토하다가 가스 센서 분야를 하기로 했다. 논문을 검색해서, 미국의 관련 교수들에게 메일을 보냈다. 연구비는 LG연암재단에서 지원자로 선정되어, 매달 2천 달러를 받기로 했다. 미국 오하이오주의 오하이오 주립대(OSU: Ohio State University)에서 연락이 왔다. 1997년 12월 28일 가기로 하고 비행기 표를 예약했다. 여기까지가 좋았다.

1997년 외환 위기, 소위 IMF가 발생해서 연말에 상황이 매우 나빠졌다. LG연암재단에서 12월 24일 1불당 1,450원으로 계산해서 한화로 6개월 치를 입금했다. 크리스마스 때문에 입금 관련 LG 연락이 늦었다. 환율이 1,850원으로 올랐다. LG연암재단 지원이 없었다면 갈 수 없었을 것이다. LG연암재단에 감사하다. 집의 가전제품은 대부분 LG다. 1,850원에 환전해서 7천 달러를 가지고, 비행기 타고, 미국에 갔다. 동생이 500달러를 공항에서 환송하며 주었다. 너무나 고맙다. 인천공항-시카고 오헤어-콜럼버스 공항에 내리니 어두웠다. 시카고 오헤어 공항에서 미국 입국 수속을 했다. 그런데 오하이오주 콜럼버스행 로컬 비행기 수화물이 무게 초과로 돈을 더 내든가, 덜어 내란다. 지금보다 영어를 훨씬 못했지만, 가족 중에 영어를 할 수 있는 사람은 나밖에 없다. 지금 생각하면 엄청 창피한 일이지만, 수속장에서 옷이며, 프라이팬을 덜어 냈다. 수화물 무게를 맞추어 콜럼버스행 비행기에 화물을 들여보냈다. 한국에서는 대충 실어 주어, 미국 큰 공항에서 비행 여행이 끝나면 괜찮지만, 추가로 지방 공항에 갈 때는 수화물 무게를 정확히 맞추어야 한다. 수속 마치니, 시간이 2시간 정도 남았다.

시카고 오헤어 공항에서 오하이오주 콜럼버스로 가는 비행기를 기다렸다. 공항 내에서 미국 냄새를 처음 맡았다. 햄버거 냄새와 약간 달콤하고, 살짝 느끼한 버터 냄새다. 학교의 아는 교수분이 연결해 준 콜럼버스 한인 교회에서 공항으로 차를 가지고 오셨다. 그 집에서 하루 자고, 아파트 집을 얻었다. 아파트라고 해서 우리가 흔히 생각하는 한국 같은 고층 아파트는 뉴욕 같은 대도시나 있고, 단층 혹은 2층짜리 타운 하우스가 모여 있는 오래된 아파트였다. 보증금으로 1천 달러 내고, 월세는 600달러를 냈다. 200달러만 더 내면 좋은 아파트를 얻을 수 있었지만, 그런 것은 눈에, 귀에 들어오지도 않는다. 계약일은 그냥 바닥에서 잤다. 제일 싼 침대를 사니 곧 푹 꺼졌다.

미국에서 자동차가 없으면 아무런 것도 못 한다. 국제 운전면허증으로 13년 된 도요타 자동차를 3천5백 달러 주고 샀다. 환율이 높으니 13년 된 똥차가 한국 돈 6백5십만 원이다. 국제 운전면허증이니 보험료가 비쌌다. 월 200달러 정도다. 큰딸 학교 보내려 학용품, 가방 등을 마이어라는 대형 할인점에서 가서 샀다. 등교 시간이 아침 7시까지다. 1월은 겨울이고 한국보다 위도가 높으니, 1학년 초등학생이 별 보고 학교 간다. 새벽 6시 30분에 집 나서서 오후 2시쯤 학교 버스로 하교한다. 학교 버스는 연 단위 순환제로 1시간은 변동이 있다. 지금은 7시 등교다. 어찌 되었든 초등학교 1학년이 새벽에 나간다.

경보도 많다. 눈 왔다고, 얼음 얼었다고, 토네이도 온다고 경보가 TV

에 울린다. 사고 많은 나라라 안전에 이만저만 신경 쓰는 것이 아니다. 대한민국은 죽어도 학교와 직장을 가야 한다고 배우고, 실천했다. 헝그리 정신, 군인 정신이란다.

작은애는 아파트에 붙어 있는 유치원에 보냈다. 돈이 없어서 오후 반만 보냈다. 기본 생활 영어도 안 가르치고 보내니, 화장실 갈 일이 생겼는데 소통을 못 해서 참다가 작은 일을 옷에 보았다. 애 엄마가 애 옷 갈아입히고 집에 왔단다. 산골 소년의 최대 약점인 영어를 보완하기 위해, 영어 나라에 떨어뜨려 놓으면 배울 줄 알았다. 필수 생활 영어도 안 가르쳤다. 애들도 느끼는 것이 있고, 인권이 있을 것이고, 그들도 준비가 필요하다. 그냥 내 마음대로 결정해서 실행한 것이다. 아빠가 폭군이다. 미안하다.

하루는 유치원에서 애를 업고, 잔디를 가로질러 오는데 지평선을 막 올라온 달이 정말 컸다. 영화 같다. 미국은 나라만 큰 것이 아니고, 달도 크구나!
지금 검색하니 그때가 블루문이었다 한다. 달만 보면 고단하고 힘들었던 첫 번째 미국 생활이 생각난다.

보험료 인하와 신분증으로 사용하기 위해 미국 운전면허증 시험을 보았다. 필기시험은 한국어 족보가 있어서 문제 될 것이 없었다. 실기시험은 T자, S자 통과, 그리고 도로 주행이 있었다. 한국 면허증 보유자이고 한국에서 몇 년간 운전 경력이 있으니, 필기시험만 신경 쓰였는데, 이것이 한국어 족보로 해결되니 만사 OK다. 이렇게 해서 미국 콜럼버스에 들어왔다. 아버지가 전북 산골짜기에서 서울 왔고, 나는 미국에 왔다. 아버지 어깨가 이제 내 어깨다. 무겁다. 산골 소년의 최대 약점은 영어다. 음악, 미술도 약점이고, 사실 체육도 그저 그렇다. 영어를 못하니 더 무겁다. 책 읽는 영어만 배웠지, 말하는 영어, 특히 듣는 영어가 힘들다.

3-7 IMF와 미국 객원 교수 2

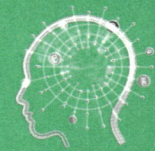

　콜럼버스는 시카고보다는 못 하지만 자부심이 큰 도시다. 세계 최초의 동력 비행기인 플라이어호를 만든 라이트 형제의 고향이자 생을 마감한 곳이 오하이오 데이턴이다. 워싱턴만큼 멋진 항공, 우주 박물관도 여기에 있다. 물론 플라이어호는 노스캘로리나에서 날렸다. 군수, 자동차, 화학, 맥주 등의 산업이 많아 중부 도시 중 농업에서 공업 및 신산업으로 탈바꿈한 주라는 자부심이 크다. 또한 대한민국이 아시아의 테스트 베드이듯이, 오하이오주, 특히 콜럼버스가 미국 중부의 테스트 베드라 한다. 오하이오주의 수도가 콜럼버스가 된 것은 이름이 멋져서가 아니다. 북쪽의 클리블랜드와 남쪽의 신시내티가 수도 유치를 위해 싸우다가, 가운데 위치한 콜럼버스가 오하이오주의 수도로 결정되었다. OSU는 럭비로 유명하다. 콜럼버스에는 우리가 아는 야구팀이 없어서 덜 알려져 있지만, 인종 편견도 적은 도시이다.

주말에는 차고(Gurage) 세일에 가서, 책상, 소파, 의자도 샀다. 사실 형편없었다. 소파는 다리가 삐걱거렸다. 한국에서는 쳐다보지도 않았을 것이다. 바닥에 있을 수 없으니, 샀을 뿐이다. 아이들 장난감도 샀고, 영어 동화책을 샀다. 더 힘든 유학생도 많았겠지만, 정말 바닥으로 살았다. 베스트바이에 가서 가전제품도 샀다.

IMF로 망한 나라의 국민으로, 가진 것이 없어서 아내랑 정말 많이 싸웠다. 연암재단 지원비로는 부족해서, 적금을 해약해서 송금 받았다. 그런데 싸운 내용이 신문에 있는 10센트 할인 쿠폰을 왜 안 가져왔냐, 더 싼 마트 식품을 왜 안 샀냐 이런 것이다. 10센트 해 봤자 한국에서 100원이다. 달러 앞에서 한없이 작아지는 한국인이다. 한국에서는 아내가 모든 경제권을 다 갖고 있었는데, 미국에서는 내가 관리했다. 통장 잔액이 빤히 보이니, 아내에게 잔소리할 수밖에 없었다. 아내도 미국에 올 때는 희망도 많았고, 보고 싶고, 경험하고 싶은 것이 많았을 텐데! 차가 한 대니 내가 학교 가면, 경제적으로도 힘들고, 친구도 없어서, 온종일 집에 있었다. 거실 창문에서 오는 비를 보면 슬펐지만, 그러려니 하고 지냈단다.

몇 년 후에 미국에 다시 가기로 했다. 아내가 안 간다고 한다. 다시 미국 가려면 3만 달러를 미국 은행에 예치하고, 경제권도 본인이 갖겠다고 했다. 예치하고 오하이오 콜럼버스에 다시 갔다. 여유 있지는 않았지만, 처음처럼 살지는 않았다. 미국 생활에서 아쉬운 것은, 콜럼버스 마이어 슈퍼에 가면 랍스터가 마리당 3~4달러였다. 한 번을 못 사 먹었다.

콜럼버스에서 데이턴으로 가는 길에 아웃렛 할인점이 있었다. 하루는 거기 갔는데, 차 문에 작은애 손이 끼어서 울고, 돌아오려니 차에 기름이 떨어졌다. 안 되는 영어로 보험사 부르고 기름 받아서 돌아왔다. 요즘 차는 기름이 기준값 이하로 되면 계기판에 반짝반짝 신호가 들어오는데, 이 차에는 그 기능이 없었다. 교회에 갔다 오다가도 기름이 떨어져서, 도로에 서서 차 얻어 타고 집에 왔다. 다시 주유소까지 걸어가서 통에 기름 넣고, 차에 기름 채워 몰고 왔다. 아이가 없었으면 절대로 태워 주지 않았을 것이다. 급하면 통한다지만, 한국에서는 아무것도 아닌 것이 미국에서는 힘들다. 그래도 어떡하든 해낸다.

여름 방학이 되니 LG연암재단에서 다시 6개월분 돈이 달러로 송금되었다. 이제 조금 숨통이 트인다. 써머스쿨에 아이를 보냈다. 여름 방학이다. 아무리 경제적으로 어렵다지만, 미국 여행은 하자. 서부 및 동부 횡단 여행 지도를 AAA에서 종이 지도로 안내받으니 지도가 한 상자다. 조수석에 앉은 사람이 지도를 보고 길을 안내했다. 1998년 여름에는 미국에도 승용차용 상용 내비게이션이 없었다. 시내에 들어가면 아내가 운전했고, 내가 종이 지도 보고 안내했다. 틀리는 경우도 종종 있었고, 다시 돌아가고, 어떻게든 찾아간다. 한국인이다.

미국 횡단 여행이 우리 가족만으로는 위험이 커서, 무리라 생각되어, 조금 아는 다른 교수 가족과 같이 밴을 빌려서 갔다. 우리 가족, 특히 나는 점 찍고 대충 보는 스타일로 개요가 중요하다. 그 가족은 아이가 다 보고 나서, 아이가 가자고 하면 가자고 한다. 각자의 여행 스타일이 다르니, 여행 일정이 틀어졌다. 싸우고 울고 하다가 각자 차 빌려서 헤어졌다. 대학교 때 친구들이랑 등산도 하고 해서 큰 문제없을 줄 알았는데, 가족이 있고, 성격이 다르니 매번 충돌하다가 헤어졌다. 그리고는 다시는 가족 아닌 타인과 여행 안 한다. 잘 모르는 이와 절대 함께 여행하지 않기를 경험적으로 권한다.

여행 일정은 콜럼버스 출발해서 센트루이스와 덴버, 궁금했던 황량한 서부 사막의 유타주와 애리조나주, 라스베이거스의 네바다, 한국인이 많이 살고 순두부찌개가 맛있는 LA, 그리고 별로인 샌프란시스코를 보았다. 여기서 참다 싸우고 헤어지고, 우리 가족만 여행했다. 리노, 솔트레이크시티, 옐로스톤 국립 공원, 큰 바위 얼굴 있는 국립 공원 들러서 오하이오 콜럼버스로 돌아왔다. 밴 반납하고, 하루 밤 집에서 자고, 13년 된 내 차로 다시 동부로 여행 갔다. 펜실베이니아주를 거쳐 뉴욕, 워싱턴 돌아서 다시 콜럼버스로 왔다. 뉴욕에서는 인(여관)에 머물렀지만, 워싱턴에서도 캠핑했다. 한 달을 여행했다.

학기 중, 중간 휴일에 오대호의 나이아가라폴스도 가고 시카고도 갔다. 아미시 등 콜럼버스 근교도 갔다. 식스 플래그, 세다포인트 놀이공원도 몇 번 갔다. 우리와 다르다. 전체적으로 여유가 있고, 잘산다. 우리처럼 아등바등 사는 것 같지 않다.

밴으로 서부 여행 중 왼쪽 후방 타이어가 터져서, 고속 도로의 차 앞에서 아내가 손 흔들고, 매뉴얼 찾아 타이어 교체하고 정비소에 갔다. 지금 생각하니 이 위험한 일을 왜 했냐 싶다. 보험사 부르면 됐는데! 영어가 약하니 몸이 고달프고, 위험에 처한다. 펜실베이니아는 트럭과 승용차의 고속 도로 주행 속도가 동일하게 시간당 75마일(120km/h)로 되어 있었다. 대형 화물 트럭이 옆에 지나가면 승용차는 흔들려서 무서웠다. 화물 트럭이 1차선, 승용차는 2차선, 뭐 그랬다. 뉴욕을 갔는데 그때가 마침 뉴욕 정전 상태라 교통이 엉망이었다. 별 경험을 다 했다. 한국처럼 꼬리 물기 하다가 앞차를 긁었다. 작은 화물 트럭이었는데 그 차도 바쁜지, 그냥 갔다. 워싱턴 DC 여행 중 길가에 차 세우는 규정 시간을 한참 지나서 가 보니, 내 차만 대로변에 있었다. 견인 안 당한 것이 천만다행이다. 영어로 시간을 읽었는데, 한국어처럼 바로 기억에 쏙쏙 안 남은 결과이다.

이렇게 미국 횡단 여행을 했다. 미국인도 하기 힘들다 하고, 생각해 보면 위험한 순간이 많았다. 하느님 보우하사 동해 물과 백두산의 보호 아래 무사히 여행했다. 재미와 추억은 많지만, 한국인이든 누구든 이런 여행은 추천하고 싶지 않다. 너무 위험하다. 모르니까 용감했고, 다녀왔다. 어느 날은 밤 12시까지 아내랑 번갈아 운전하며 캠핑장을 찾았다. 애들은 별로 기억에 없다 했다. 차박도 해 보았다. 서부 여행 중 캠핑장에 너무 늦게 도착해서, 고지대라서 뒷좌석 뜯어 밖에 두고, 차 안에서 4명이 잤다. 다들 피곤했는지 좁은 차 속에서 4명이 잤다. 뒷좌석이 완전히 평

평하게 접히는 차박 차가 아니었다. 텐트 생활도 많이 했다. 고지대에서는 자고 나면 텐트에 물이 주르륵 흐른다.

좋은 추억도 많았다. 아내는 그때는 젊어서, 처음이라 했지만, 지금은 진저리를 낸다. 다시는 그렇게 안 한단다. 미안하다. 귀한 딸 데려다가, 이국땅에서 고생만 시켰다. 이제는 땅에 등 안 댄다. 대고 싶지 않다. 차박도 절대 안 한다. 차는 차고, 자는 곳은 자는 곳이다. 별도 은하수도 많이 보았는데, 기억에 없다. 이런저런 추억으로, 어렵고, 많이 싸웠던, 미국 생활을 용서 받고 산다. 그래도 가끔 아내는 올라온단다. 나는 가장이었고, 이 여행을 안전하게 끝내야 했다. 다음 목적지만이 나의 목표다.

3-8 IMF와 미국 객원 교수 3

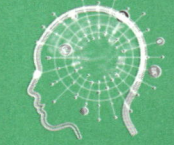

집안일을 대충 정리하고 1월 15일 경에 OSU(The Ohio State University)에 갔다. OSU의 '산업용 센서 연구소'는 재료공학과와 화학과가 미국 국립과학재단(NSF: National Science Foundation)으로부터 지원받는 연구소다. 학교에 가서 이것저것 적어서 객원 교수 신고하고, 주차비를 내는 등 기본 수속을 끝냈다. 내가 그들과 영어 소통을 잘해서가 아니라, 그들이 익숙해서 처리된 것 같다.

센터 총원은 약 20명 정도였고, 센터 참여 교수가 4명 정도 되고, 대학원생은 중국인이 절반이고, 인도인이 그 절반, 베트남인 1명, 미국인 1명, 행정원들, 그렇게 구성되었다. 인구가 많은 아시아 나라가 미국을 점령하고 있었고, 정작 주인인 미국인은 이과나 공대에 적고, 특히 대학원에는 적다는 것을 알 수 있었다. 한국인은 없었다.

점심을 각자 싸서 전자레인지에 데워 먹는다. 나는 식당 문화라서 학교 앞 중국집과 웬디스 버거에 자주 갔다. 교내에도 푸드 트럭 같은 것이 하나 있어서 소시지 사서 서서 먹기도 했다. 구내식당은 없다.

내 돈 쓰는 것은 쉽다. 영어, 중국어 몰라도 가능하다. 식당가서 손가락만 가르쳐도 알아듣는다. 칼 들고 백만 원 벌기는 쉬워도, 정당하게 노력하고 설명해서, 남의 주머니에서 스스로 천 원 꺼내게 하기는 정말 어렵다.

OSU '산업용 센서 연구소'에서 많은 것을 배웠다. 미세 조직을 확대해서 보는 전자 현미경, 결정 특성을 분해하는 XRD(X-ray Diffractometer) 등을 교육 받고 인증 받아, 직접 사용한다. 투과 전자 현미경은 교육 시간도 오래 걸리고, 한국 되돌아가서도 한 번도 안 할 것 같아서 안 받았다. 삼성에서 나온 지, 5년 만에 교육을 받는다. 한국은 장비를 중히 여겨서, 1억 넘으면 전문 운영 직원이 담당한다. 그냥 맡기면 되고, 분석하는 날 가서 이것저것 요구하면 다 해 준다. 편하기는 하다.

강의하는 교수 허락하에 청강도 했고, 가스 센서 실험도 했다. 차이는 있겠지만, 객원 교수는 등록만 하고, 거기 대학원생 실험하는 것이나 봐주면 된다. 급여나 돈을 정식으로 안 받으면, 대개는 자기 일, 가족 일하는 형태이다. 문과는 이런 분이 많았다.

그런데 나는 급여를 안 받지만, 열심히 배울 수밖에 없었다. 절실했다. 배워 가야 한다. 영어는 OK를 많이 썼다. 듣는 영어가 변변치 않으니, 감으로 OK를 남발했다. 이메일 용량이 꽉 차서, 다른 곳과 메일을 주고받을 수 없었다. OK 남발하니 답답한지 와서 지워 주고 갔다. 학교니까 망정이지, 외부에서 OK나 Sorry를 남발하면 안 된다.

1주일에 한 번인가, 두 번인가 밤에 외국인을 위한 영어 교육이 콜럼버스 Community에 있었다. 자동차 법규 위반으로 경찰에게 걸렸다. 어찌할 것이냐고 미국 선생님이 물었다. 인도 아줌마가 손을 번쩍 들더니, 10달러 주면 만사 OK라고 말했다. 미국에서는 절대 그러면 안 된다고 선생님이 당부했다.

말기에 실험 장비를 추가로 꾸미다가 귀국했다. 나는 라인을 mm 규격으로 했는데 센터의 구입 장비는 인치 규격이어서, 내가 귀국 후 해체하고 다시 꾸몄단다. 귀국 후 똑같은 크기로 장비를 꾸몄다가, 축소를 거듭해 지금은 1/4 크기로 꾸몄고, 성능, 가격 더 좋다. 한때 유행했던 말 중, 일본 놈은 만지기만 하면 베끼고, 한국인은 보기만 하면 베끼고, 중국 놈은 냄새만 맡고도 베낀다고 했다. 산업 발전을 이루려는 아시아의 노력을 나타낸 말이라고 생각한다. 모방은 창조의 전 단계이고, 이제는 이들 아시아 국가들도 모방의 단계를 벗어나고 있다.

OSU는 대학이지만 7시 조찬 회의가 많다. 도넛, 우유, 오렌지, 커피

등을 놓고 회의한다. 켄터키주의 컨벤션 센터에서 학회 및 전시회가 있었는데, 전시회 물품을 군사 용품처럼 규격화한 박스에 넣고 다닌다. 물론 전임 교수는 단독으로 방을 쓴다. 대학원생은 한국처럼 지도 교수별 개별 방에 모여 있는 것이 아니다. 학과의 모든 대학원생이 도서관처럼 공동으로 사용한다. 포스트 닥터나 객원 교수는 2, 3명이 한 방을 쓴다. 경쟁력이다.

가족과 함께 오하이오 콜럼버스를 가로지르는 사이토 강가에 종종 갔다. 미국은 단풍이 예쁘다. 한국 단풍은 추워서 말라비틀어져, 어쩔 수 없이 잎이 떨어지며 단풍이 든다. 그런데 여기는 잎이 다 달려 있으며 햇빛 방향에 따라, 떨어진 잎 없이 부분적으로 단풍이 든다. 단풍이 풍성하고 너무 예쁘다.

내가 졸업한 과학원(KAIST)은 경희대 쪽이고, 과학 기술원(KIST)은 홍릉 쪽으로 사이에 산언덕이 있었다. 과학 기술원(KIST) 부지에 과학원(KAIST) 재료공학과 건물이 있어서, 언덕 샛길을 통해 다녔다. 홍릉 쪽의 과학 기술원(KIST)은 한국군의 베트남 파병 대가로, 미국 존슨 대통령이 세워 준 곳이다. 과학 기술원(KIST)은 미국 설계로 지어서, 튼튼하고 여유가 있다. 본부 건너편에 생명 연구동이 있었고, 출입구 양쪽에 나무가 있었다. 한국에서 보기 드물게, 떨어지지도 않고 단풍이 절반만 들어 신기해했다. 농담으로 생명 연구동에서 폐기 시약을 한쪽에만 부어서 그렇다고 했는데, 여기 오니 나무들이 대부분 그렇다. 너무 멋있다.

땅도 검은색이고, 기름지다. 여름 비오는 날이면 지렁이가 너무 많이 나와, 밟지 않으려고 피해서 걸었다. 축복받은 땅이다.

겨울에는 눈이 너무 많이 와서 지붕이 삐거덕거린다. 문 앞에 눈이 쌓여, 문도 잘 안 열린다. 나무에 눈이 녹고, 기온이 낮으니 얼음이 살짝 나무 가지에 입혀져 있다. 나뭇가지의 얼음꽃이다. 여기에 저녁 햇살이 비치면 빛이 반사도 되고 투과도 되어, 너무 예쁘고 황홀하다.

미국, 콜럼버스, OSU에 온 지 1년이 되었다. 한국에 돌아갈 때이다.

3-9 객원 교수 한국 돌아오기

어느 듯 1년이 되었다. 한국에 돌아가야 한다. 물건 팔고, 버리고, 주고, 월세 해지한다. 대한 통운에 연락해서 한국에 짐을 보냈다. 학교에서 아이들 학교생활 기록부도 얻는다.

귀국 1달 전에 갑자기 이빨이 아프다. 충치다. 쇼핑몰에 있는 동네 치과에 갔더니 예약하고 2주 후에 오란다. 너무 아프다. OSU의 '산업용 센서 연구소'에 근무하는 중국인한테 물었더니, 대학 위쪽으로 가면 바로 해 준다고 했다. 대신 현금이란다. 나이가 70 정도 돼 보이는 할아버지다. 간호사도 없어서, 긁어내고, 때우는데 내가 직접 석션 들고 침, 피 석션하면서 치료 받았다. 현금을 냈다. 미국이나 한국이나 인생사, 세상사 큰 차이 없다. 인간 욕망은 똑같다. 미국이 조금 더 정교한 시스템일 뿐이다. 다른 쪽도 해 준다고 전화가 왔다. 그쪽은 덜 아프니, 한국 가서 하겠다고 거절했다. 학교의 치과 병원에 갔더니, 어디서 이렇게 거칠게 치료받았냐고 하면서, 폴리싱도 해 주고 다른 쪽도 치료 받았다.

귀국할 때의 큰 문제가 자동차다. 한국에 가져갈 것이면 별문제 없지만, 중고차로 6백5십만 원 주었고, 여름이 되니 에어컨이 안 되어 5백 달러가 추가로 들었다. 13년 된 고물차에 7백만 원 넘게 썼다. 여기저기 공고를 내니 아시아인이 보자고 한다. 가는 날이 장날이라고 승용차 왼쪽 뒤 타이어에서 소리가 난다. 살짝 바퀴에 뭐가 닿은 모양이다. 긁히는 소리가 난다. 공기를 더 넣었다. 사려는 사람이 시승하잔다. 달리는데 다시 긁히는 소리가 난다. 뒤쪽 왼쪽에서 얼른 오른쪽 좌석으로 옮겼다. 소리가 안 난다. 산단다. 살 때는 3천5백 달러였는데, 파니 2천 달러였다. 환율이 1,850에서 1,300원으로 낮아져서, 한화로는 7백만 원짜리가 2백 5십만 원으로 줄었다. 할 수 없다. 한국에 가야 한다. 비행기 타기 1주일 전에 차를 넘겼는데, 미국에서 차 없으면 완전 거지다. 개똥 피하며, 잔디 위를 걷고, 걸어서 작은 슈퍼에서 생필품 사서 살고, 마지막 날에는 처음과 같이 바닥에서 잤다.

그래도 미국에 왔는데, LA 거쳐 하와이 구경하고, 한국에 가기로 했다. 콜럼버스는 한겨울이지만 하와이는 날씨가 따뜻하니, 역시 캠핑하기로 여행 계획을 짰다. 콜럼버스 공항에서, LA 가는 비행기를 탔다. 도중에 기내에서 응급 환자가 발생했다. 유타주 사막 어딘가 미국 공군 비행장에 비상 착륙해서 응급 환자 내렸다. 착한 일도 좋지만, 비행기 연결 시간이 문제다. LA 공항의 하와이 가는 비행기 타는 계류장은 완전 반대편에 있었다. 온 가족이 달리고, 달리고, 달려서 겨우 비행기 탔다. 〈달려라 하니〉는 혼자 달렸지만, 우리는 가족 모두가 전력을 다해 달리고, 달렸다.

하와이 비행장에서 짐을 기다리는데, 아무리 기다려도 안 나온다. 비행기 화물 클레임(Claim) 담당자에게 가서 물어 보니 화물이 어디 있는지 모르겠단다. 연결 시간이 짧아서 생긴 문제인 듯하다. 내일 다시 와 보란다. 그러면서 묵을 호텔 티켓을 주었다. 캠핑 대신 5성급 호텔이니 좋기는 했다. 그런데 한여름 하와이에서, 입고 있는 것은 콜럼버스의 완전 겨울옷뿐이다. 렌트한 차로 호텔에 갔다. 피곤하다. 자자! 잘 잤다. 다음 날 오전에 다시 공항에 가니, 수하물이 한국으로 가서 내일 온단다. 또 호텔 티켓을 준다.

마트에 가서 일단 여름옷 샀다. 그리고 오하우섬의 진주만에서 태평양 전쟁 초기에 침몰된 애리조나호를 보기 위해 갔다. 혼탁한 바닷물 속에 있어서 아무것도 안 보였다. 마음으로 보아야 하는데 아직 거기까지는 아닌 듯하다. 몇 군데 더 갔지만 기억에 희미하다. 오후에 와이키키 해변에 가서 애들은 수영도 했다. 다음날 공항에 갔더니 수화물 왔단다. 하룻밤 잘 텐데 무슨 캠핑장이냐고 해서, 3성급 호텔 잡아서 잤다. 몸이 호텔을 기억해서, 호텔에서 잤다. 한두 군데 더 돌아다니고, 비행기 타고 한국에 왔다. 하와이 섬은 못 갔다. 우리가 아는 하와이는 오하우 섬이고,

하와이 섬 가려면 새벽에 일어나서 배 타고 가서, 화산섬 하와이를 구경해야 한다. 피곤하다. 됐다.

인천 공항에 도착하니, 처가 식구들이 와서 3층에 올라가서 고추장 비빔밥 먹고, 광주행 버스 타고 집에 왔다. 밤이다. 내 집이다. 한국이 좋다.

한 보름 있으니, 콜럼버스에서 배송시킨 짐이 부산항 세관에 도착했다고 연락이 왔다. 화물차 잡아서 부산에 가서 짐들을 수령하고, 집으로 가져왔다. 이렇게 한국에, 직장에, 집에 돌아왔다. 고생 많았다. 미안하다. 가족들아!

3-10 시련은 있지만, 좌절은 없다

1993년 처음 학교에 왔을 때 장모님이 오셔서 연구실 구경을 하셨다. 나는 어려운 환경에서 와서 좋았지만, 장모님 보시기에 벽에는 물이 약간 새서 곰팡이도 있고, 건물도 매우 낡았다. 말씀은 안 하셨지만 생각했던 것과 너무 차이가 나서 실망하셨던 것 같다. 연구실은 단독이었지만, 엉망인 실험실을 교수 2-3명이 함께 사용했다. 이런 옛날 건물에서 신축한 새 건물로 이사하며 독립 실험실을 받았다.

1999년 새 공대 건물로 이전했고, 새 실험실로 받은 16평은 넓어 보였다. 정말 공간만 받았다. 아무것도 없던 빈 공간에서 센서 계측 시스템을 혼자 만들었다. 앵글 사서 조립하고, 합판 깔고, 노(Furnace), MFC(Mass Flow Controller: 공기 유량 제어 장치), 계측기 등을 올려 계측 시스템을 구성했다. 몇 년 후 축소해서 앵글 대신 알루미나 파일로 뼈대 잡고, 1/4로 축소해서 다시 만들었다. 효율적 공간 사용이라, 좋고, 예쁘다. 연구비도 삼성반도체, OSU의 '산업용 센서 연구소' 등의 경력 때문인지 그럭저럭 받았다. 1998년 IMF를 극복하고자 정부에서 여러 가지 사업을 벌였는데 그중 하나가 벤처 육성이었다. 과학원(KAIST) 실험실 출신 3명이 벤처를 차렸는데, 과학원(KAIST) 졸업생 당 1억씩, 3억을 받았다 했다. 지금은 상장도 했고, 2명은 나오고 내 동기 1명만 남아서 사장으로 회사 운영하는데, 우리 동기 중 제일 잘 나간다. 정부 지원 돈값 충분히 했다.

미국에서 새 기술, 센서 기술을 배워 왔다. 실험실도 생겼고, 대학원생도 받았다.

자 이제 연구해 보자. 개별 연구도 했고, 센터도 참여했고, 센터장도 했다. 일하다 보니 아슬아슬한 경우도 많았다. 한 번은 포스트 닥터를 고용했는데, 이분이 실험은 내 실험실에서 장비 사용해서 실험하고, 논문은 몰래 혼자 써서 냈다. 바로 해고했다. 억대의 장비를 샀는데 계속 문제가 발생했다. 장비 비용은 과제 정산 기한 때문에 6개월 전에 지급된 상태다. 제3자를 불러 뜯어 분해했더니, 대부분 장비가 중고 제품으로 제작, 납품되었다 한다. 너무 화가 나서, 전국 대학에 이런 놈이 있다고 알렸더니, 나만 당한 것이 아니었다. 어떻게 되었던 이놈은 도산 파산했다. 몇 년 후 아내 이름으로 유사 사업을 그놈이 또 하고 있었다. 그냥 넘어갔다. 미국에서 비접촉식 유전율 재는 것이 있다고 해서 샀다. 이것도 억이 넘었는데 들여와서 보니, 전혀 계측이 안 되었다. 6개월은 더 걸려 반품했다. 이때가 제일 아슬아슬한 경우이다. 삶과, 일은 지뢰밭이다. 요행으로, 운이 좋아 무사히 잘 헤쳐 나왔다.

국회 후보 청문회 보면서, 일했으니 추궁 거리도 많다고 생각되지만, 지저분한 후보자도 많다. 일하다가 잘못된 경우는 어찌할 수 없다고 해도, 빤히 보이는 개인 치부, 가정사까지 국민 세금, 정부 과제로 하는 놈이 많다. 했으면 나오지를 말던가! 물욕에 더해서 권력욕, 명예욕까지 있는 연놈이다.

실험 결과는 논문 발간으로 정리된다. 논문 숫자가 학교 2위라고 학교에서 인터뷰 요청이 왔다. 인터뷰 내용 중 공대의 연구 수준은 인근 지역 산업체 수준을 벗어나기 어려워, 지역 산업이 발전해야 연구 수준도 올라간다고 이야기했다. 인터뷰 후 매우 창피했다. 2000년대 초반은 논문의 질이 아니라 논문의 수가 중요한 때였다. 학교 2위의 논문 수가 질과 연관되었나? 아니었다. 숫자만 많았지, 질적으로 우수한 논문은 없었다. 이때 결심했다. 앞으로 논문의 양보다 숫자보다, 질을 중시하겠다고. 그런데 질을 중시하니, 양도, 질도 다 떨어졌다.

언제까지 연구할 것인가?

한 우물 파는 연구 주제의 생명력도 있겠지만, 공대의 연구 주제는 산업체 혹은 국가 장래와 관계있어서, 10년을 넘겨 연구하기가 힘들다. 학교에 와서 유전체, 압전체를 했고, 미국 갔다 와서 가스 센서 연구했고, 연구비 모아 반도체 장비를 사서 박막 연구도 했다. 평균 10년에 한 번씩은 연구 주제를 바꾸어야 생명력이 있다. 이차 전지 혹은 배터리 쪽을 할까도 고민해 보았다. 연구 주제를 3번이나 바꾸었고, 이제 더 바꾸어서 새로운 연구하기도 힘이 든다. 근 20년이 다 되었고, 노안이 오니, 타인의 논문 읽기도 힘들다. 새로운 주제로 연구 생명력을 끌고 가기보다는 기존에 열심히 했던 내용을 상업화시켜 보자. 그래, 가스 센서 및 관련 제품을 만들어 보자. 이것도 연구 생명력 연장의 한 방법이다.

내가 직접 창업해서 대표하기보다는 나는 R&D를 하고, 제품화는 전문가에게 맡기자. 관련 기술을 잘 알던 사장님하고, 이렇게 동업했다. 그런데 이분이 특허를 단독으로 출원, 등록했다. 나와 학생이 대부분을 연구한 것인데, 당했다. 인연과 약속보다 돈이 최고인 놈이다. 업체의 장비 사용을 금지했더니, 교수가 중소기업체의 상품화, 제품화를 방해한다고 학교며, 중기청이며 여기저기 투고했다. 이곳저곳 불려 다니다 특허 문제 제시해서 정리되었다. 장비도 있고, 기술도 있고, 사람도 있다. 그래 내가 창업하자, 이렇게 해서 2007년 실험실 창업을 하게 되었다. 세금으로 공부하고, 국가 과제로 연구했는데 보답하자. 별것 없다. 수입품 대체하면 일차 목표는 달성한다. 창업이다.

3-11 창업이다

2007년 자본금 5천만 원으로 창업을 했다. 아이템은 센서 부품이다. 센서 중의 가스 센서를 선택했다. 도시가스를 쓰는 가정의 가스레인지가 있는 부엌 천장에 가스 경보기가 있다. 여기에 가스 센서가 1개씩 들어 있다. 일제 센서가 세계 시장을 석권하고 있다. 국산도 있지만, 일본 제품에 비하여 수명이 짧아서 이것을 개발하는 것이다. 대학원생들과 함께 개발했고, 초기에는 염소(Cl) 성분이 든 원료를 사용했다. 염소를 제거하기 위해 수소 가스 열처리를 해야 해서, 가스 센서 만드는 공정이 복잡했다. 제품도 안정화되지 못했다.

5년 이상 연구 개발해서 1차로 국내사에 납품했는데, 클레임이 걸렸다. 직원, 학생 모두 나갔다. 월급 못 주는 중소기업 사장은 사장은커녕, 말단 직원보다 못하다. 한 달 급여 못 주면, '님'자가 사라진다. 두 달 월급 못 주면 위아래가 없다. 석 달 급여 못 주면 쌍시옷 소리 듣는다. 내가 그랬다는 것은 아니고, 말이 그렇다. 하여튼 그렇다. 그들도 급여로 생활하고, 부양할 가족이 있는데 당연하다. 삼성으로부터의 이직 고민기를 상기시킨다. 아무도 없고, 적막하게, 조용히 잠겨 있는 실험실을 보니, 너무 우울했다. 6개월 정도 방황했다.

불 꺼진 어두운 실험실에서 혼자 생각했다.

다시 해 보자. 일본 놈도 우리도 밥 3끼 먹는다. 못 하는 것이 말이 안 된다. 염소 제거 공정이 너무 복잡하다. 염소 성분이 없는 시약을 구했고, 공정을 간략화시켰다. 장기 신뢰성이 여전히 문제다. 어떤 논문을 보니 방사성 시약을 소량 섞었더니 장기 신뢰성이 좋다고 나온다. 시약 구해서 테스트했는데 개선 효과가 없어서 바로 폐기했다. 이렇게도 해 보았다.

여러 실험을 거쳐 일본 제품 이상은 아니어도 비슷하게 특성이 나와, 약간 저렴한 납품 가격 제시하며 관련사에 샘플을 돌렸다. 한 곳에서 양산에 적용하겠다고 했다. 2015년이다. 2년여의 테스트를 거쳐 양산 납품이 확정되어 계약서 썼다. 2년여의 테스트 기간 중, 3개월마다 한 번씩 문제가 생겼다고, 불려 갔는데, 불려 갈 때마다 도살장 가는 기분이었다. 2017년부터 납품했다. 다시 직원도 10여명 뽑고, 물량과 단가 맞추려니, 자동화가 필수여서 자동화 장비도 구매했다. 자동화 장비 비용 지불해야 하는데, 은행에서 돈이 안 들어왔다. 확인해 보니 어음이 3개월이 아닌 4개월짜리란다. 계약서 내용과 다르다고, 항의했더니, 서서히 물량 줄여 2년 후인, 2019년에 납품이 종료되었다. 후회가 많다. 을인 내가 너무 설쳤나? 조용히 갑의 요구를 받아들여야 했는데. 죽은 자식 뭐 만지기다. 국내 시장이 좁으니, 더 접촉할 곳도 없다.

왜, 실패했을까? 품질과 가격이 업체 요구 수준에 충분했는데도, 왜 실패했을까? 제품에 대한 과신과 정보의 부재로 인해, 잘못된 판단을 내리고 실행한 결과이다. 제품만 본 것이지, 구매자인 상대를 정확히 파악 못했기 때문이다. 결국 결정은 사람이 내리는 것이다.

폐업은 창업보다 힘들다. 창업은 희망이지만 폐업은 좌절이고, 실패다. 경제적, 물리적으로도 힘들지만, 정신적 좌절과 실패는 뼈아프다. 개인 창업은 세무서에서 사업자 등록을 하면 1차적으로 끝난다. 기타는 희망을 위한 준비다. 법인 창업은 그보다는 복잡하지만, 그래도 희망으로 시작한다. 폐업은 둘 다 고통이다. 창업에 들였던 시간 이상으로 폐업의 고통은 길고 크다.

폐업 시 고려할 사항은 대충 3가지로 요약된다.
첫 번째가 행정 및 세금 관계다. 법인 폐업은 회사 규모에 따라 다른데 세무사에 맡기는 것이 여러모로 합리적이다. 세무사에게 의뢰하면 비용은 들지만, 정신적으로 덜 피폐해지고, 특히 폐업에서는 그렇다. 세금과 정산은 폐업 후에도 1년 정도 이런저런 것이 있다고 보면 된다.

두 번째는 같이 있던 인력 퇴사다. 이것이 가장 힘들다. 고지하고, 월급 주고, 연차 및 퇴직금 주고, 4대 보험 정산, 그리고 근무 기간에 따라 실업 수당 안내하면 중소기업에서는 법적인 문제는 거의 없다. 그러나 이들이 나랑 같이 일하기로 결심하고, 입사했을 때는 그들도 삶의 계획이 있었을 것이다. 내가 그들의 계획을, 희망을 일시에 잘라 버린 것이다. 새로운 일자리를 찾아야 할 것이다. 황야에 던져진 것이다. 내가 거친 들판에 던진 것이다. 나도 이직으로 엄청나게 고민했지만, 퇴직은 이직에 비할 바가 아니다. 이직은 아직 있을 곳이 있고, 미래의 희망이라도 있지만, 폐업 퇴사는 완전히 맨땅에 버려진 것이다. 그들에게는 삶이 절벽 끝에 있음을 느낄 것이다. 그들의 투쟁이, 노란봉투법이 이해가 된다. 퇴사시키는 내 마음에 비할 바가 아니다. 상황이 무엇이든 폐업한 대표는 죄인이다. 미안합니다. 또 미안합니다.

세 번째가 시설과 설비 문제다. 돈이야 들지만, 시설이야 철거하고 원상 복구해 놓으면 된다. 문제는 설비다. 구입 당시에는 필요해서 샀고, 한국은 인건비가 높아 자동화를 고려한 설비가 많아 비싸다. 폐업하면 규격화된 계측 설비도 헐값이지만, 기타 설비는 고철 값이다. 폐업 대표가 치러야 할 대가이다. 힘들다.

자동화 장비를 처분할 수밖에 없다. 관련 업체 사장이 자기들 자동화에 필요하다고 산다고 한다. 사장과 그 직원이 직접 와서 장비 및 제조 시설도 보았고, 기술도 달란다. 이사도, 부장도 아닌 사장이다. 제시한 가격 낮아도, 조건도 수용한다고 했더니, 안 산단다. 아무리 소기업이라고 해도, 와서 남의 것 구경하고, 낮은 매입 가격 제시하더니, 사장 말에 전혀 무게가 없다. 도리가 아니다. 그래도 몇 년을 알고, 얼굴 보던 사이인데, 완전히 털렸다.

See ballet normal!

계속 납품되어 가스 센서가 현금 창출(Cash Cow)이 되는 선순환이 이루어졌다면, 다음 상품 개발 계획도 있었는데 좌절이다. 기술 개발하고, 라인 깔고, 양산도 해 봤고, 후회는 없다. 그래도 아쉽고, 뼈아프다.

인터넷 쇼핑몰에서 상품도 팔아 보았다. 내가 Photoshop, Illustrator 다 할 줄 알고, 집에서 부업으로 하니 경쟁률에 자신이 있었고, 여러 쇼핑몰에서 1위를 했다. 쿠팡은 내가 꾸민 상품 소개서에 대해 다른 상인이 유사 상품으로 가격 낮추면, 내가 꾸민 상품 소개서와 함께 사용 후기 등, 일체를 다 가져갈 수 있게 했다. 미국식이란다. 수차 항의하다가 이 시스템을 나도 사용하고 이용해 보자라고 생각했다. 그렇게 했다.

물품을 주던, 대기업 물류 팀에서 그러면 안 된다고 연락이 왔다. 대기업은 판매처 제한, 가격 제한, 경쟁 제한하면 안 된다고 해도, 물품을 안 준다. 증빙 자료 첨부해서 공정 거래 위원회에 신고했고, 6개월쯤 후에 보완하라고 연락이 왔다. 이렇게 늦게 판정 내리면, 신고한 기업 망한다고 했더니, 자기들도 순서에 따라 처리하다 보니 그렇단다. 최초 신고 후 1년이 넘은 지금도 판정 결과가 안 온다. 결과를 문의하니, 기다리란다. 기한이 없다. 어디든 내 돈 받는 곳은 친절하고 신속하다. 돈 벌 곳, 받을 곳, 요청하는 곳은 아닌 것 같다.

내년에 새로운 제조업을 하기 위해 준비 중이다.
잘 돼야 할 텐데!
마지막 시도인데, 잘 되겠지!
일반 물리 문제 풀이집, 써미스터, 초전도체, 반도체 회사 연구원, 공과 대학 교수, 센터장, 반도체, 유전체, 객원 교수, 가스 센서, 후막 및 박막, 창업, 인터넷 쇼핑몰. 누구보다 많은 경험을 했다.

그런데 성과가 없다. 성과가 필요하다.
실패를 거듭한다. 될 듯 될 듯하다가 좌절된다. 그래도 계속 두드린다. 정보도 모으고, 전략도 세우고, 팀도 꾸린다. 이것도 해 보고, 저것도 해 보지만, 논문 쓰는 것은 이제 관심도 없다. 제품화, 상품화만이 나의 관심사다. 성과를 얻기 위해 고민하고, 생각하고 앞으로 나아간다.